Deutsche Dogge

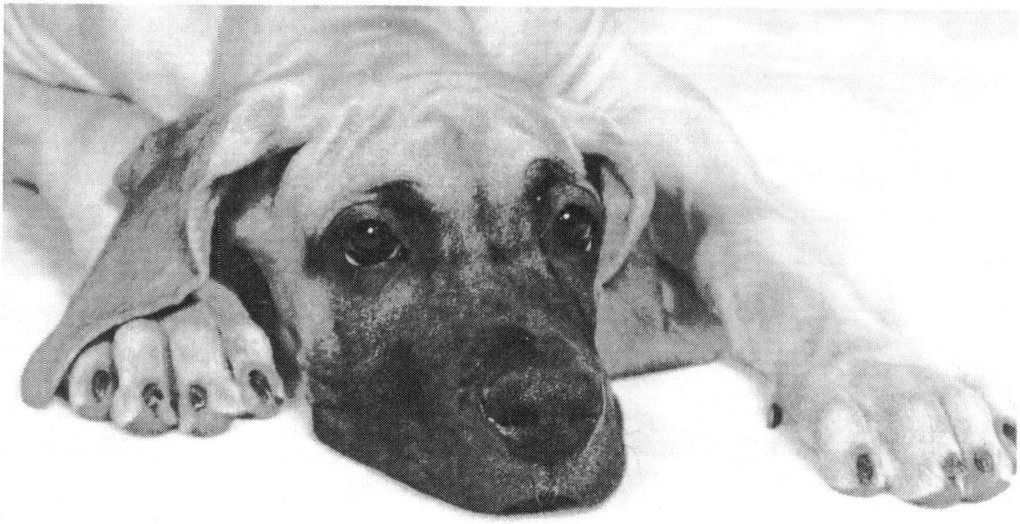

EH Edition Hundewissen
Deutsche Dogge
April 2002

Herstellung:
Books on Demand GmbH, Norderstedt

Bildnachweis:
s. Züchterverzeichnis im Anhang

Redaktionelle Betreuung und Sonderbeiträge:
2 Mitglieder des DDC 1888 e. V., die nicht genannt werden möchten

ISBN 3-8311-3491-X

Inhaltsverzeichnis

Inhaltsverzeichnis ... 2
Die Deutsche Dogge kennen lernen ... 5
  Geschichte ... 5
  Doggenartige Hunde ... 7
  FCI-Rassestandard ... 8
Vor der Anschaffung ... 12
  Wesen der Deutschen Dogge ... 13
  Rüde oder Hündin? ... 14
  Stubenreinheit ... 15
  Grundausstattung ... 16
  Kosten ... 17
      Laufende Kosten ab dem zweiten Jahr ... 17
  Versicherungen ... 18
Der Weg ins neue Heim ... 19
  Woher kommt das neue Familienmitglied? ... 19
    Der richtige Züchter ... 19
    Der Hundehändler ... 20
    Ein Hund aus dem Tierheim ... 21
    Ein Hund von Privat ... 22
      Anmerkung des Autors ... 23
    Auswahl des Züchters ... 24
  Die erste Zeit ... 27
    Abholen ... 27
  Ankunft ... 28
    Die erste Nacht ... 30
Ernährung und Pflege ... 31
  Das Futter ... 31
    Was braucht meine Dogge? ... 31
    Futterplan ... 32
      Nachmittags und abends ... 35
    Futterzusätze ... 35
    Anzahl und Menge der Mahlzeiten ... 35
    Wann wird gefüttert ... 36
    Hygiene ... 37
    Wasser ... 37
    Leckerchen und Kauartikel ... 37
  Probleme mit der Nahrung ... 38
    Betteln ... 38
    Übergewicht ... 38
    Verdauungsstörungen ... 39

Die Pflege 40
Fellpflege 40
Krallenpflege 40
Augenpflege 40
Ohrenpflege 40
Gebisspflege 42
Hygiene 42
Gesundheit 42
Impfungen 43
Entwurmen 44
Parasiten 46
Zecken 46
Milben und Haarlinge 48
Verdauungsstörungen 49
Verletzungen 51
Erziehung 51
Grundsätzliches 52
Prägungsphasen 53
Rangordnung 55
Darf der Hund aufs Sofa? 55
Wer frisst zuerst? 55
Wer geht voran? 56
Hochspringen 56
Unterwürfige Begrüßung 56
Gemaßregelt – was nun? 57
Spielen 58
Befehle 59
Herkommen bzw. Hier 59
Sitz 61
Platz 61
Bleib 62
An der Leine 63
Ungehorsam 65
Hundeschulen 65
Züchten der Deutschen Dogge 68
Vor der Zucht 68
Zuchtzulassung 69
Verantwortung 69
Planung 71
Decken 72
Trächtigkeit 73
Geburt 74
Aufzucht der Welpen 75
Abgabe und danach 77

Anhang 79
Adressen 79
Vereine 79
Züchter -Anzeigen- 79
Hundeschulen -gewerbl. Anzeigen- 83
Hundeinformationen im Internet 83
Kynologische Fachbegriffe 84
Index 106

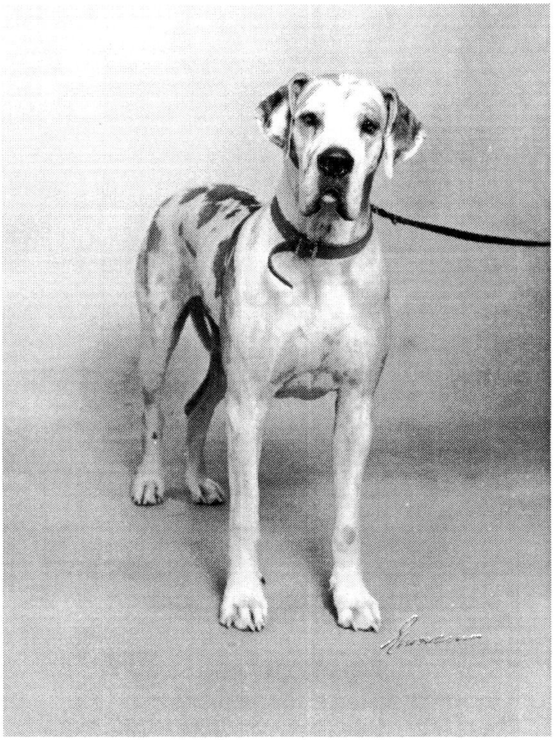

Die Deutsche Dogge kennen lernen

Geschichte

Für die Deutsche Dogge gibt es so viele unterschiedliche Bezeichnungen, wie für kaum einen anderen Hund. Mitte des 19. Jahrhunderts war die Verwirrung am größten: Bismarckdogge, Saupacker, Fanghunde, Hatzrüden, Dänische Dogge, Ulmer Dogge und Tigerdogge - viele Namen für immer die gleiche Rasse. Altüberlieferte Namen überschneiden sich hier mit denen örtlicher Zuchtgebiete. Die so genannte Ulmer Dogge wurde vor allem in Süddeutschland, hier besonders in Württemberg bekannt. Gemeint ist die schwarz-weiß gefleckte Varietät der Deutschen Dogge. Im norddeutschen Raum hingegen befasste man sich mehr mit der Zucht der blauen und gelben Farben, die auch heute aus Unkenntnis oft noch als Dänische Doggen bezeichnet werden. Ganz und gar nicht einig sind die Kynologen sich bei der Beantwortung der Frage nach der Herkunft der Bezeichnung "Tigerdogge". Gemeint ist wiederum die schwarz-weiß gefleckte Variante. Man erzählt sich,

dass früher diese Doggen gemeinsam mit Tigern in Zoos gehalten wurden und auch in der Zirkusarena auftraten. Womöglich leitet sich der Begriff "Tigerdogge" hier ab. Vielleicht lehnt die Bezeichnung sich aber auch am Scheckenpferd (tiger horse) an, wie dem Apaloosa oder Indianerpferd.
Mitte des 19. Jahrhunderts schwappt die aus England kommende Mode des "Hundesports" auch auf Deutschland über und im Jahre 1863 findet so in Hamburg die erste deutsche Hundeausstellung statt. Gezeigt wurden hier auch 15 Doggen, von denen 8 als Dänische Doggen und 7 als Ulmer Doggen angemeldet waren. Auch auf den folgenden Ausstellungen 1869, 1876 und 1879 in Hamburg und Hannover hielt man sich an diese Unterscheidung, obwohl schon 1876 mehrere Zuchtrichter überzeugt waren, dass es sich um ein und dieselbe Rasse handele. Obwohl man schon damals empfahl, die verschiedenen Farb-Varietäten unter dem Rasse-Namen "Deutsche Dogge" zusammen zu fassen, viel diese Entscheidung erst 1880 bei einer Richter-Versammlung in Berlin unter dem Vorsitz von Dr. Bodenius. Nicht ohne Stolz blicken deutsche Kynologen inzwischen auf die offizielle Anerkennung Deutschlands als Ursprungsland dieser ganz besonderen Hunderasse. Erfolg bleibt natürlich nicht ohne Neid - so wird in Frankreich und England unsere Deutsche Dogge auch heute noch oft als "großer Däne" (Great Dane, Grand Danois) bezeichnet. Warum gerade diese Bezeichnung Verwendung findet (zuerst vom französischen Naturforscher Buffon), bleibt wohl für immer im Dunkeln. Jedenfalls gibt es keinen Anhaltspunkt dafür, dass Dänemark maßgeblich an der Entstehung oder Ausprägung der Rasse beteiligt wäre. Winfried Nouc, anerkannter Doggen-Fachmann, vermutet hier eher politische Hintergründe. Er geht von einer Antwort unserer westlichen Nachbarn auf das in Deutschland damals zur Schau gestellte Nationalbewusstsein aus.
Nachdem 1870/71 der preußische König Wilhelm I. den Deutsch-Französischen Krieg für sein Land entscheiden konnte, wurde er im Schloss von Versailles zum deutschen Kaiser ausgerufen. Das erste Deutsche Reich wurde gegründet von Reichskanzler Fürst Otto von Bismarck, der schon in seiner frühen Jugend eine regelrechte Liebe zur Dogge entwickelte. Da brauchte es nicht lange, bis die majestätisch anmutende Deutsche Dogge zum Nationalhund erklärt wurde.

Heute wird die Deutsche Dogge in 5 Farben gezüchtet, die im gültigen Rassestandard anerkannt werden: Weiß-Schwarz gefleckt, Schwarz, Blau, Gelb und Gelb gestromt. Natürlich dürfen diese Varietäten nicht beliebig untereinander gemischt werden. Es bedarf schon einigen Fachwissens über Vererbungslehre um die gewünschten Farben in der Zucht zu erzielen. Wir wollen an dieser Stelle nicht weiter darauf eingehen. Es handelt sich hierbei um ein Thema für Fachleute. Rassebewusste, verantwortungsvolle Züchter verfügen hier über ein ausgeprägtes Tiefenwissen. Für den (angehenden) Doggenhalter sind diese Hintergrundinformationen nicht entscheidend.

War bis zur Mitte des 19. Jahrhunderts die Auswahl zur Zucht kaum geregelt, schreibt der FCI-Rassestandard heute schon eindeutige Kriterien zur Zucht dieser majestätischen Rasse vor. Der heute gültige Standard führt auf das Jahr 1891 zurück. Hier wurde vom Deutschen Doggen-Club, der sich 1888 gründete, der erste Rassestandard festgelegt. 1897 erschien dann der erste Band des Deutschen Doggen-Stammbuches im selben Verein, welches bereits mehr als 500 Einträge enthielt. Dieses Zuchtbuch, welches nun jährlich erscheint, ist eine wichtige Grundlage für die züchterische Arbeit an der Deutschen Dogge.

Doggenartige Hunde

Sieht man sich eine ausgewachsene Deutsche Dogge an, verbindet man mit der Bezeichnung "Dogge" auch gleich eine imposante Größe. Tatsächlich zeigen viele der "doggenartigen" Hunde wirklich stattliche Körpermaße: Deutsche Dogge, Bernhardiner, Neufundländer, Hovavart, Leonberger, Tibet-Dogge und Mastiff, wie auch noch der Boxer. Aber auch deutlich kleinere Rassen wie z. B. die Französische Bulldogge oder der Mops zählen zu den Doggenartigen. Die Hundewissenschaftler sehen also im Vordergrund nicht die Größe, sondern folgende Merkmale für die Einteilung: Kräftiger Körperbau, Kopf mit breiter Stirn und extrem stark ausgeprägtem Schnauzenteil, herabhängende Lefzen und die Neigung, an der Kopfhaut Falten zu bilden. Die Deutsche Dogge ist mit einer Widerristhöhe von mindestens 72 cm (Hündinnen) bzw. 80 cm (Rüden) alles andere als ein kleiner Hund. Oft als Apoll seiner Art bezeichnet, strahlt dieser Hund Kraft, Stolz und Eleganz aus. Der offizielle Rassestandard, den wir weiter hinten im Buch vollständig wiedergeben, gibt sehr diffizile Informationen über das züchterisch gewünschte Erscheinungsbild der Deutschen Dogge.

FCI-Rassestandard

F.C.I.-Standard Nr. 235/14.09.1994/D

Datum der Publikation des gültigen Original-Standard: 27.07.1994.

Ursprung: Deutschland

Verwendung: Begleit-, Wach- und Schutzhund.

F. C. I. - Klassifikation:

Gruppe 2: Pinscher und Schnauzer, Molosser und Schweizer Sennenhunde

Sektion 2.I: Molosser Ohne Arbeitsprüfung.

GESCHICHTLICHER ÜBERBLICK: Als Vorläufer der heutigen Deutschen Dogge sind der alte Bullenbeißer sowie die Hatz- und Saurüden anzusehen, die ein Mittelding zwischen dem starken Mastiff englischer Prägung und einem schnellen, wendigen Windhund waren. Unter Dogge verstand man zunächst einen großen, starken Hund, der keiner bestimmten Rasse angehören mußte. Später bezeichneten Namen wie Ulmer Dogge, Englische Dogge, Dänische Dogge, Hatzrüde, Saupacker und große Dogge verschiedene Typen dieser Hunde nach Farbe und Größe. Im Jahre 1878 wurde in Berlin von einem siebenköpfigen Komitee, bestehend aus engagierten Züchtern und Richtern, unter dem Vorsitz von Dr. Bodinus der Beschluß gefaßt, alle obengenannten Varietäten unter dem Namen "Deutsche Dogge" zu erfassen. Damit wurde der züchterische Grundstein für eine eigenständige deutsche Hunderasse gelegt. Im Jahre 1880 wurde anläßlich einer Ausstellung in Berlin erstmals ein Doggen-Standard festgelegt, seit dem

Jahre 1888 vom „Deutschen Doggen Club 1888 e. V." betreut und im Laufe der Jahre wiederholt geändert. Seine heutige Formatierung entspricht den Vorgaben der F. C. I.

ALLGEMEINES ERSCHEINUNGSBILD: Die Deutsche Dogge vereinigt in ihrer edlen Gesamterscheinung bei einem großen, kräftigen und wohlgefügten Körperbau, Stolz, Kraft und Eleganz. Durch Substanz, gepaart mit Adel, Harmonie der Erscheinung, einer wohlproportionierten Linienführung sowie ihrem besonders ausdrucksvollen Kopf, wirkt sie auf den Betrachter wie eine edle Statue. Sie ist der Apoll unter den Hunderassen.

WICHTIGE MASSVERHÄLTNISSE: Das Gebäude erscheint nahezu quadratisch; dies gilt besonders für Rüden. Die Rumpflänge (Brustbeinspitze bis Sitzbeinhöcker) soll die Widerristhöhe bei Rüden um nicht mehr als 5% und bei Hündinnen um nicht mehr als 10% überschreiten. Die Widerristhöhe beträgt bei Rüden mindestens 80 cm und bei Hündinnen mindestens 72 cm.

WESEN: Freundlich, liebevoll und anhänglich gegenüber ihren Besitzern, besonders gegenüber den Kindern, zurückhaltend gegenüber Fremden. Gefordert wird ein selbstsicherer, unerschrockener, leichtführiger gelehriger Begleit- und Familienhund mit einer hohen Reizschwelle, ohne Aggressivverhalten.

KOPF: In Harmonie zur Gesamterscheinung, langgestreckt, schmal, markant, ausdrucksvoll, fein gemeißelt (besonders die Partie unter den Augen), die Augenbrauenbögen gut entwickelt, ohne jedoch hervorzutreten. Der Abstand von der Nasenspitze zum deutlich betonten Stop und vom Stop zum schwach ausgeprägten Hinterhauptsbein soll möglichst gleich sein. Die oberen Linien von Fang und Schädel sollen parallel verlaufen. Von vorne gesehen muß der Kopf schmal erscheinen, wobei der Nasenrücken möglichst breit und die Backenmuskeln nur leicht angedeutet sein sollen, keinesfalls stark hervortretend.

NASE: Gut ausgebildet, mehr breit als rund und mit großen Öffnungen. Sie muß schwarz sein, mit Ausnahme bei schwarz-weiß gefleckten Doggen. Bei diesen ist eine schwarze Nase erwünscht und eine schwarz gefleckte oder fleischfarbene zu tolerieren.

FANG: Soll tief und möglichst rechteckig sein. Gut erkennbare Lefzenwinkel. Dunkel pigmentierte Lefzen. Bei schwarz-weiß gefleckten Doggen sind unvollständig pigmentierte oder fleischfarbene Lefzen zu tolerieren.

KIEFER/ GEBISS/ ZÄHNE: Gut ausgebildete, breite Kiefer. Kräftiges, gesundes und vollständiges Scherengebiß (42 Zähne gemäß der Zahnformel).

AUGEN: Mittelgroß, rund, möglichst dunkel, mit lebhaftem, klugem Ausdruck. Bei blauen Doggen sind etwas hellere Augen zulässig. Bei schwarz-weiß gefleckten Doggen sind helle oder Augen von unterschiedlicher Farbe zu tolerieren. Die Lider sollen sehr gut anliegen.

OHREN: Von Natur aus hängend, hoch angesetzt, von mittlerer Größe, vordere Ränder an den Backen anliegend.

HALS: Lang, trocken, muskulös. Gut ausgebildeter Ansatz, sich zum Kopf hin leicht verjüngend mit geschwungener Nackenlinie. Aufgerichtet getragen, dabei etwas schräg nach vorne geneigt.

KÖRPER:

Widerrist: Der höchste Punkt des kräftigen Körpers. Er wird gebildet durch die Schulterblattkämme, die die Dornfortsätze überragen.

Rücken: Kurz und straff, in annähernd gerader Linie geringfügig nach hinten abfallend. Lenden leicht gewölbt, breit, kräftig bemuskelt.

Kruppe: Breit, stark bemuskelt, vom Kreuzbein zum Rutenansatz hin leicht abfallend und unmerklich mit dem Rutenansatz verlaufend.
Rute: Bis zum Sprunggelenk reichend. Hoch und breit angesetzt, sich zum Ende hin gleichmäßig verjüngend. In der Ruhe mit natürlichem Schwung herabhängend, in der Erregung oder im Lauf leicht säbelartig getragen, doch nicht wesentlich oberhalb der Rückenlinie. Bürstenrute nicht erwünscht.
Brustkorb: Bis zu den Ellenbogengelenken reichend. Gut gewölbte, weit zurückreichende Rippen. Brust von guter Breite, mit ausgeprägter Vorbrust.
Untere Linie: Bauch nach hinten gut aufgezogen, mit der Unterseite des Brustkorbes eine schön geschwungene Linie bildend.

VORDERHAND:

Schultern: Kräftig bemuskelt. Das Schulterblatt, lang und schräg liegend, bildet mit dem Oberarm einen Winkel von etwa 100 bis 110 Grad.
Oberarm: Kräftig und muskulös, gut anliegend, sollte etwas länger als das Schulterblatt sein. Ellenbogen: Weder aus- noch einwärts drehend.
Unterarm: Kräftig, muskulös, von vorne und von der Seite gesehen völlig gerade. Vorderfußwurzelgelenk: Kräftig, stabil, sich nur unwesentlich von der Struktur des Unterarms abhebend. Vordermittelfuß: Kräftig, von vorne gesehen gerade, von der Seite gesehen nur gering nach vorne gerichtet.
Vorderpfoten: Rundlich, hoch gewölbt und gut geschlossen (Katzenpfoten) Nägel kurz, stark, möglichst dunkel.

HINTERHAND:

Das gesamte Knochengerüst ist von starken Muskeln bedeckt, die die Kruppe, die Hüfte und die Oberschenkel breit und abgerundet erscheinen lassen. Die kräftigen, gut gewinkelten Hinterläufe stehen, von hinten gesehen, parallel zu den Vorderläufen.
Oberschenkel: Lang, breit, sehr muskulös.
Knie: Kräftig, nahezu lotrecht unter dem Hüftgelenk stehend.
Unterschenkel: Lang, von etwa gleicher Länge wie der Oberschenkel, gut bemuskelt.
Sprunggelenk: Kräftig, stabil, weder nach innen noch nach außen gerichtet.
Hintermittelfuß: Kurz, kräftig, nahezu senkrecht zum Boden stehend.
Hinterpfoten: Rundlich, hoch gewölbt und gut geschlossen (Katzenpfoten). Nägel kurz, stark, möglichst dunkel.

GANGWERK: Harmonisch, geschmeidig, raumgreifend, leicht federnd, wobei sich die Läufe, von vorne und von hinten gesehen, parallel bewegen müssen.

HAUT: Straff anliegend, bei Einfarbigen gut pigmentiert. Bei schwarz-weiß gefleckten Doggen entspricht die Pigmentverteilung überwiegend der Fleckung.

HAARKLEID:

Beschaffenheit: Sehr kurz und dicht, glatt anliegend, glänzend.
Farben: Die Deutsche Dogge wird in drei selbständigen Varietäten gezüchtet: Gelb und Gestromt, Gefleckt und Schwarz, Blau.
Gelb: Hellgoldgelb bis zum satten Goldgelb, schwarze Maske erwünscht. Nicht erwünscht sind kleine weiße Abzeichen an Brust und Zehen.
Gestromt: Grundfarbe Hellgoldgelb bis zum satten Goldgelb, mit schwarzen, möglichst gleichmäßigen und klar gezeichneten, in Richtung der Rippen verlaufenden Streifen;

schwarze Maske erwünscht. Nicht erwünscht sind kleine weiße Abzeichen an Brust und Zehen.

Schwarz-Weiß gefleckt (Sog. Tigerdoggen): Grundfarbe rein weiß, möglichst ohne jede Stichelung, mit über den ganz Körper gut verteilten, ungleichförmigen, zerrissenen, lackschwarzen Flecken. Nicht erwünscht sind graue oder bräunliche Fleckenanteile.

Schwarz: Lackschwarz, weiße Abzeichen sind zugelassen; hierzu zählen auch die Manteltiger, bei denen das Schwarz mantelartig den Körper bedeckt und Fang, Hals, Brust, Bauch Läufe und Rutenspitze weiß sein können.

Blau: Rein stahlblau, weiße Abzeichen an Brust und Pfoten sind zugelassen.

FEHLER:

Jede Abweichung von den vorgenannten Punkten sollte als Fehler angesehen werden, dessen Bewertung im Verhältnis zum Grad der Abweichung stehen sollte. Das gilt insbesondere für folgende Abweichungen:

Allgemeines Erscheinungsbild: Mangelndes Geschlechtsgepräge, fehlende Harmonie, zu leicht, zu grob.

Wesen: Mangelnde Selbstsicherheit, nervös, niedrige Reizschwelle.

Kopf: Nicht parallel verlaufende Kopflinie, Apfelkopf, Keilkopf, zu wenig Stop, stark ausgeprägte Backenmuskulatur.

Fang: Spitz, mangelnde Belefzung, zu weit überhängende Lefzen (Flatterlippen). Nasenrücken konkav (Sattelnase), konvex (Ramsnase) oder vorne abfallend (Adlernase).

Gebiß/Zähne: Alle Abweichungen vom vollständigen Gebiß (zu tolerieren ist nur das Fehlen der P1 im Unterkiefer): unregelmäßige Stellung einzelner Schneidezähne, soweit der Gebißschluß überwiegend erhalten bleibt; zu kleine Zähne; Zangengebiß.

Augen: Lose Lider, zu stark gerötete Bindehäute; helle, stechende, bernsteingelbe Augen; wässerigblaue oder Augen von unterschiedlicher Farbe bei allen Einfarbigen. Zu weit stehende Augen oder „Schlitzaugen".

Ohren: Zu hoch oder zu tief angesetzt, seitlich abstehend oder flach anliegend.

Kupierte Ohren: in Form und Länge nicht zum Kopf passend, nicht gleichmäßig straff aufrecht stehend.

Hals: Kurzer, dicker Hals, Hirschhals, zuviel lose Kehlhaut oder Wamme.

Rücken: Senkrücken, Karpfenrücken, zu langer Rücken, nach hinten ansteigende Rückenlinie.

Kruppe: Stark abfallend oder waagerecht gelagert.

Rute: Zu starke, zu lange oder zu kurze, zu tief angesetzte, zu hoch über der Rückenlinie, hakenförmig oder geringelt getragene sowie seitlich abgedrehte Rute. Aufgeschlagene, am Ende verdickte oder kupierte Rute.

Brustkorb: Flache oder tonnenförmige Rippen, fehlende Brustbreite oder - tiefe, zu stark hervortretendes Brustbein.

Untere Linie: Zu wenig aufgezogene Bauchlinie; mangelhaft zurückgebildetes Gesäuge.

Vorderhand: Nicht genügend gewinkelt. Leichte Knochen, schwach bemuskelt. Kein lotrechter Stand.

Schultern: Lose, überladen. Steilliegendes Schulterblatt. Ellenbogen: Lose, nach innen oder nach außen gedreht.

Unterarm: Gebogen. Auftreibungen oberhalb des Vorderfußwurzelgelenks.

Vorderfußwurzelgelenk: Aufgetrieben. Erheblich nachgebend oder überknickend.
Vordermittelfuß: Zu schräg oder zu steil gestellt. Hinterhand: Zu offene oder zu geschlossene Winkelungen. Kuhhessiger, enghessiger oder faßbeiniger Stand.
Sprunggelenk: Aufgetrieben, instabil.
Pfoten: Flach, gespreizt, lang.
Gangwerk: Zu wenig raumgreifend, unfreie Aktion, häufiger oder ständiger Paßgang, mangelnde Übereinstimmung zwischen Vorder- und Hinterhandaktionen.

HAARKLEID:

Beschaffenheit: Stockhaar, Stumpfes Haar.

FARBEN:

Gelb: Gelbgraue, gelbblaue, isabell oder schmutzig-gelbe Farbe.
Gestromt: Grundfarbe silberblau oder isabell; verwaschene Stromung.
Schwarz-Weiß gefleckt: Blau-grau gestichelte Grundfarbe, größere gelb-graue oder blaugraue Fleckenanteile.
Schwarz: Gelb-, braun - oder blauschwarze Farbe.
Blau: Gelb- oder schwarzblaue Farbe.

SCHWERE FEHLER:

Wesen: Scheue.
Gebiß/Zähne: Vorbiß, Rückbiß, Kreuzbiß.
Augen: Ektropium, Entropium.
Rute: Knickrute.

AUSSCHLIESSENDE FEHLER:

Wesen: Aggressivität, Angstbeissen.
Nase: Leberfarbene Nase, Spaltnase.
Farben: Gelbe und gestromte Doggen mit weißem Stirnstrich, weißem Halsring, weißen Pfoten oder „Strümpfen" und weißer Rutenspitze.
Blaue Doggen mit weißem Stirnstrich, weißem Halsring, weißen „Strümpfen" oder weißer Rutenspitze.
Bei schwarz-weiß gefleckten Doggen: Weiße ohne jedes Schwarz (Albinos) sowie taube Doggen; sogenannte Porzellantiger (diese zeigen vorwiegend blaue, graue gelbe oder auch gestromte Flecken); sogenannte Grautiger (diese haben bei schwarzer Fleckung eine graue Grundfarbe.
NB: Rüden sollen zwei offensichtlich normal entwickelte Hoden aufweisen, die sich vollständig im Hodensack befinden.

Vor der Anschaffung

Generell sollte man sich vor der Anschaffung eines Tieres, ganz gleich welcher Art und Rasse, einige grundsätzliche Fragen stellen. Dies gilt umso mehr bei einem Hund, der viele Jahre an Ihrer Seite verbringen wird. Wer bereits einen

Hund besitzt oder besaß, der weiß genau, wie schnell so ein Vierbeiner einem ans Herz wächst. Damit Ihnen und der Dogge Enttäuschungen erspart bleiben, sollten Sie die folgenden Punkte schon vor der Anschaffung berücksichtigen.

Wesen der Deutschen Dogge

Unter Umständen verleitet das imposante Erscheinungsbild, der Stolz und die offensichtliche Kraft der Deutschen Dogge den Laien, diesen athletischen Hund zu fürchten und intuitiv in die Sparte gefährlicher Hunde einzureihen. Macht man sich aber ein wenig mit dem Wesen der Dogge vertraut, erkennt man schnell, was die Liebhaber dieser Rasse so begeistert. Die Deutsche Dogge ist liebevoll, freundlich und anhänglich gegenüber ihren Besitzern, vor allem auch deren Kindern. Fremden gegenüber ist sie zurückhaltend. Der Standard verlangt einen selbstsicheren, unerschrockenen, leichtführigen, gelehrigen Begleit- und Familienhund mit einer hohen Reizschwelle und ohne Aggressivität. Natürlich ist die Deutsche Dogge alles andere als ein Schoßhündchen, sie hat ihren ganz eigenen Character, ist aber durchaus bereit, sich dem Ranghöheren unterzuordnen. Entscheidend ist, diese latente Bereitschaft schon im Junghunde-Alter zu nutzen und für eine klare Rangfolge zu sorgen. Wird dies versäumt und die Dogge an die Spitze "der Meute" gesetzt, kann es

durchaus zu unliebsamen Vorgängen kommen. Bei einfühlsamer Erziehung mit der nötigen Konsequenz (!) aber wird Ihre Dogge sich zu einem stets berechenbaren, treuen Partner entwickeln, der souverän sein Rudel, Haus und Kinder schützt und im Notfall verteidigt. Von reißerischer Presse veröffentlichte Horrormeldungen über ernste Vorfälle mit Deutschen Doggen erweisen sich bei näherer Betrachtung fast immer als schlecht recherchierte Hetze. Eine fachgerecht und artgemäß aufgezogene und gehaltene Deutsche Dogge wird sich nie aggressiv verhalten. In falschen Händen oder ohne menschlichen Kontakt (z. B. bei ausnahmsloser Zwingerhaltung) kann natürlich auch diese Rasse seelisch krank und in der Folge aggressiv werden. Und nur dann kann es zu Vorfällen kommen, die aufgrund der stattlichen Körpermaße dieser Hunde natürlich andere Folgen haben können als beispielsweise bei Übergriffen durch einen Yorkshire Terrier. Als verantwortungsvoller Halter mit Liebe zum Tier und der erforderlichen Kenntnis über den Umgang mit dieser schönen Rasse werden Sie in der Deutschen Dogge aber stets einen freundlichen und charakterstarken, ausgeglichenen Partner an Ihrer Seite wissen.

Rüde oder Hündin?

Die Hündin wird zweimal im Jahr für jeweils etwa 3 Wochen läufig und hat während dieser Zeit einen blutigen Scheidenausfluss. Während dessen, besonders während der befruchtungsfähigen Phase, wird sie in der Regel alles daran setzen, zu einem Rüden zu gelangen. Es gilt also, sie während dieser Zeit gut im Auge zu behalten.
Durch Kastration oder Verabreichung von Hormonen kann die Läufigkeit unterdrückt werden. Beides sollte aber nicht wirklich in Betracht gezogen werden, es sei denn, andere medizinische Notwendigkeiten sprechen z. B. für eine Kastration.
Der Rüde hat keine begrenzten Sexualphasen, ist also das ganze Jahr über aktiv und nie abgeneigt, auf eine läufige Hündin zu reagieren. Ist eine solche in der Nachbarschaft, ist der Gartenzaun oft kein Hindernis mehr und nachts heult er dann gern einmal den Mond an. Es kann sogar vorkommen, dass er vorübergehend das Futter verweigert.

Hündinnen unterscheiden sich charakterlich durchaus von ihren männlichen Artgenossen. In der Regel sind sie eher bereit, sich unterzuordnen. Rüden sind dagegen oft psychisch besser belastbar, weshalb bei deren Erziehung oft etwas konsequenter vorgegangen werden muss. Jedes Individuum kann aber die Ausnahme dieser Regel bilden – sprechen Sie mit Ihrem Züchter. Er kennt seine Tiere und kann auch bei den Welpen oft schon charakterliche Grundzüge erkennen.

Stubenreinheit

Welpen bekommen Sie frühestens mit etwa 10 Wochen bei Ihrem Züchter. In diesem Alter muss sich eine Welpe noch recht oft entleeren. Es wird sich also keinesfalls vermeiden lassen, dass Ihr Hund sich auf dem Fußboden entleert. Es verlangt schon etwas Verständnis und Einfühlungsvermögen, um Ihre Dogge stubenrein werden zu lassen. Suchen Sie sich einen Ort, den Sie immer aufsuchen und ermuntern Sie Ihr Tier sich zu lösen. Hat es geklappt, loben Sie Ihren Hund ausgiebig. Schnell lernt der Kleine, dass es gerade draußen toll ist, sich zu lösen. Es wäre falsch, gleich nach dem Geschäft wieder ins Haus zu gehen. Ihr Welpe versteht das als Strafe und wird in Zukunft versuchen alles einzuhalten, nur um länger draußen bleiben zu können. Hat er sein Geschäft verrichtet, sollten Sie also Ihren Spaziergang fortsetzen und mit Ihrer Dogge spielen. Jeder Hund wird irgendwann stubenrein – der eine früher, der andere etwas später. Verzweifeln Sie nicht und vor allem, bestrafen Sie Ihre Dogge nicht, wenn mal etwas auf dem Teppich landet. Der Welpe kann es nicht anders und wird schnell eingeschüchtert, denn eine solche Reaktion kann er nicht verstehen. Keinesfalls hat es einen positiven Effekt, das Tier z. B. mit der Nase in die eigene Hinterlassenschaft zu drücken. Geht mal etwas daneben, sollten Sie diesen Vorfall nicht weiter bewerten – entfernen Sie das Missgeschick und fertig. Ihre Dogge wird bei etwas Einfühlungsvermögen ihres Menschen bald verstehen, dass ihr Geschäft nicht ins Haus gehört.

Grundausstattung

Wie jeder Hund, so möchte auch die Dogge einen Schlafplatz haben, der frei von Zugluft ist und über eine (waschbare) Unterlage verfügt. Schüsseln für Futter und Wasser (in einem höhenverstellbaren Futterständer!) sind ebenso selbstverständlich wie Leine und ein Noppenhandschuh für die Fellpflege. Eine

> **Der Tipp:** Obwohl Gummiquietschtiere bei manchen Hundebesitzern sehr beliebt sind, haben diese klare Nachteile. Der Welpe könnte das Ventil herausnagen und verschlucken, was zu gefährlichen Folgen, z. B. Darmverschluss, führen kann. Entfernen Sie daher das Ventil. Außerdem kann das Spiel mit einem ständig quietschenden Ersatzkumpel die angeborene Beißhemmung im Spiel mit Artgenossen herabsetzen.

Zeckenzange sollte in jedem Hundehaushalt zur Verfügung stehen. Wenn Sie mögen, können Sie gerne eine Hundepfeife oder einen Clicker verwenden, zuvor sollten Sie sich jedoch unbedingt gut damit vertraut machen – Pfeife und Clicker gehören nur in erfahrene Hände. Der Fachhandel bietet viele Dinge für Ihren Hund, oft tun`s aber auch ein paar verknotete Socken oder ein Handtuch. Die Doggenwelpen wollen natürlich spielen – besorgen Sie Dinge, die nicht zerkaut oder verschluckt werden können, z. B. Hartgummibälle oder Spieltaue. Machen Sie dabei Ihre eigenen Erfahrungen. Nicht der Händler entscheidet, ob etwas „Unkaputtbar“ ist, sondern allein Ihr Hund!

Kosten

Eine Deutsche Dogge werden Sie in der Regel nicht geschenkt bekommen. Bei einem seriösen, erfahrenen Züchter werden Sie für ein gesundes Tier ein paar Euro bezahlen – sicherlich werden Sie das gerne tun. Doch der Kaufpreis ist erst der Anfang. Hinzu kommen Kosten für Zubehör, Futter, Tierarzt, Versicherungen. Der Hund muss mitunter transportiert werden, so dass ein ausreichend großes Fahrzeug zur Verfügung stehen sollte, das auch entsprechend ausgerüstet ist, also z. B. über ein Sicherheitsnetz oder –gitter verfügt. Natürlich müssen Sie für Ihren Hund auch Steuern bezahlen. Diese sind von Gemeinde zu Gemeinde unterschiedlich, genauso wie das Alter, ab dem der Hund angemeldet werden muss. Informieren Sie sich rechtzeitig bei Ihrer Gemeindeverwaltung.

Gesamtkosten im ersten Lebensjahr	
Anschaffung	800 – 1200 €
Impfen	80 – 100 €
Hundesteuer	40 – 80 €
Haftpflichtversicherung	50 – 80 €
Erziehungskurs	25 – 40 €
Schlafkorb o. Ä.	50 – 100 €
Zwinger	Ab 500 €
Bürste, Kamm, etc.	20 – 30 €
Spielzeug	25 – 50 €
Leine und Halsband	Ca. 25 €
Futter monatlich	25 – 50 €
Autotransportausstattung	Bis 250 €
Laufende Kosten ab dem zweiten Jahr	
Impfen	40 – 80 €
Hundesteuer	40 – 80 €
Haftpflichtversicherung	50 – 80 €
Futter monatlich	50 – 100 €

Junge Hunde erkunden ihre Umwelt intensiv und probieren auch schon einmal, wie das Sofa, der Autositz oder ein Kleidungsstück schmeckt – solche Schäden werden von keiner Versicherung ersetzt. Vor der Anschaffung sollten Sie also ruhig einmal Ihren Taschenrechner bemühen. Stehen die erforderlichen Mittel zur Verfügung, werden Sie mit der Dogge einen Hund wählen, an dem Sie sicher ein ganzes Hundeleben lang viel Freude und echte Freundschaft haben werden.

Versicherungen

Ihre Dogge ist ein freundlicher Hund – aber er ist eben auch ein großer, aktiver Vierbeiner und somit immer zu einem Spaß und etwas Unsinn aufgelegt - durchaus kann es zu Problemen kommen, wenn man über Ihren Welpen stolpert oder Ihre Deutsche Dogge einmal das Sofa Ihrer Freunde anknabbert. Verschiedene Versicherungsgesellschaften bieten Haftpflichtversicherungen für Ihren Hund an – Sie sollten sich unbedingt für eine solche Versicherung entscheiden. In jedem Fall wird Sie Ihr Züchter beraten können und auch über den Zuchtverein kann man gezielte Informationen bekommen.

Mit einer Krankenversicherung für Ihren Hund ist das so eine Sache. Sie kostet schon ein paar Euro und ob sie sich rechnet, muss jeder für sich entscheiden. Man kann natürlich nicht vorhersagen, ob und ggf. wie krank Ihr Tier einmal werden wird.

Der Weg ins neue Heim

Woher kommt das neue Familienmitglied?

Der richtige Züchter

Wo Sie ein Auto kaufen, ist mehr oder weniger egal. Die Ausstattung ist klar definiert, feststellbar und es gibt eine Werksgarantie. Bei einem Lebewesen und Ihrem neuen Hund ist das naturgegeben ganz anders. Hier kommt es auf den richtigen Züchter an, der auf die Einhaltung der typischen Eigenschaften im Wesen und Aussehen eines Hundes großen Wert legt. Kaufen Sie eine Deutsche Dogge ausschließlich bei einem Züchter, der dem nationalen

Dachverband VDH/ÖKV/SKG angeschlossen ist. Adressen von seriösen Zuchtvereinen und Dachorganisationen auch in Österreich und der Schweiz finden Sie im Anhang. Nicht immer ist eine Verbandsmitgliedschaft auch eine Garantie für Seriösität – lassen Sie sich auf jeden Fall im betreffenden Verein beraten und vergleichen Sie mehrere Züchter.

Der Hundehändler

Im Gegenteil zum verantwortungsvollen, der jeweiligen Rasse verbundenen Züchter gibt es natürlich auch Hundevermehrer und Händler, die nur eines im Sinn haben – den eigenen, schnellen und möglichst hohen Gewinn. Oft treten

Hundevermehrer auf den Plan, die unter minimalen Haltungsbedingungen Hundewelpen produzieren, ohne sich an irgendwelche Standards zu halten. Es gibt Hundehändler, die die angebotenen Tiere nicht einmal selbst züchten; für sie ist die Dogge oft nur eine Handelsware, die möglichst schnell und gewinnbringend umgeschlagen werden muss. Da wird ein Tier auch gerne einmal ohne Papiere abgegeben und oft zu einem Preis der leider unter dem eines verantwortungsvollen, kompetenten Züchters liegt. So ist die Versuchung

schon groß, hier zuzugreifen. Oft rächt sich diese Kaufentscheidung aber durch häufige Tierarztbesuche und entsprechend hohe Rechnungen. Klares Fazit: Kaufen Sie Ihren Hund nur bei einem seriösen Züchter mit der notwendigen Fachkenntnis, der dem VDH angeschlossen ist!
Auch unorganisierte Freizeitzüchter sind keine besonders gute Wahl zur Anschaffung Ihrer Dogge. Oft sollte die betreffende Hündin nur einmal gedeckt werden, weil es der Tierarzt empfohlen hätte. Der Deckpartner wird mehr oder weniger unkontrolliert in der Nachbarschaft gewählt und Informationen über mögliche Erbkrankheiten z. B. liegen i. d. R. nicht vor. Wenn man dann selbst nicht züchten möchte, ist man oft auch der Meinung „Papiere" gar nicht zu benötigen. Es verwundert nicht weiter, wenn der hobbygezüchtete Hund dann später nicht die rassetypischen Eigenschaften besitzt, die Ihnen doch eigentlich wichtig waren. Dann gibt es noch die Hobbyzüchter, die sich nur als solche ausgeben. Semiprofessionelle Züchter, oft ohne jede Sachkenntnis, die dann auch noch „Papiere" liefern und Titel der Eltern vorweisen können, die da lauten „Weltchampion" und dergleichen. Der Züchter ist dann auch noch Zuchtwart und die Welpen selbstverständlich HD-frei. Wenn man weiß, dass man in Deutschland mit nur 7 Personen einen Verein gründen kann, kann man sich vorstellen, wie leicht z. B. eine Familie den eigenen Hundezuchtverein gründen und jeden gewünschten Titel verteilen kann. Ganz klar also: Wenden Sie sich an einen VDH-Züchter.

Ein Hund aus dem Tierheim

Wenn Sie sich dazu entschließen, einen Hund aus dem Tierheim zu befreien, tun Sie eine wirklich gute Tat. Meißt sind diese Heime maßlos überfüllt. Oft liegt dies nicht daran, dass die Tiere hier aufgrund einer Notsituation abgegeben wurden, sondern vielmehr landen hier Tiere, deren Vorbesitzer sich nicht über alle Konsequenzen der Hundehaltung im klaren waren. Dann gilt es, den Freund auf vier Pfoten wieder los zu werden. Für ein neues Zuhause sind solche Hunde daher oft extrem dankbar, zunächst heißt es aber, ein Misstrauen auszuräumen, das das abgeschobene Tier mehr oder weniger automatisch aufgebaut hat. Einige Dinge sollten Sie aber auf jeden Fall berücksichtigen, wenn Sie eine Dogge (oder auch einen anderen Hund) aus dem Tierheim retten wollen. Beachten Sie die folgende Übersicht.

Checkliste Tierheim:
Erkundigen Sie sich unbedingt nach dem Vorleben des Hundes. Hat er früher einmal einen Menschen gebissen, sollte Ihnen klar sein, dass dies leider wieder vorkommen kann. Bei Fundtieren kann man Ihnen diese Informationen natürlich nicht geben.
Wenn Sie kleine Kinder haben, sollten Sie einen Welpen oder Junghund ins Haus holen.
Beobachten Sie den ausgewählten Hund bereits im Tierheim. Extrem verstörte oder aggressive Hunde sollten nur in sehr erfahrene Hände kommen.
Lassen Sie sich den Hund außerhalb des Zwingers zeigen, denn im Zwinger (bei längeren Tierheimaufenthalten) verhalten sich viele Tiere anders als im Freien.

Ein Hund von Privat

Es kommt viel öfter vor, als man glauben mag: Hunde aus privater Hand suchen ein neues Zuhause. Wenn der Vorbesitzer ein verantwortungsvoller Halter ist, der aus einer Notsituation heraus (Sterbefall, Wohnort- oder

Arbeitsplatzwechsel, Krankheit, etc.) ein neues gutes Heim für seinen Vierbeiner sucht, ist kaum etwas gegen ein solches Tier zu sagen. Auch privat aufgezogene Welpen suchen oft ein neues Heim.
Wie bei Tieren aus Züchterhand, so gilt natürlich auch hier: Bleiben Sie kritisch und beobachten Sie das Umfeld des Tieres genau. Auch bei Hunden aus privater Hand gibt es einige Punkte zu beachten:

Checkliste Hunde von Privat und vom Züchter
Bei einem erwachsenen Hund lassen Sie sich vom Vorbesitzer möglichst genau seine Eigenschaften und Charaktermerkmale erzählen.
Achten Sie genau auf die Reaktionen des Tieres – Extreme sind immer bedenklich!
Bei einem reinrassigen Hund lassen Sie sich Ahnentafel und Impfpass aushändigen. Vorsicht bei Ahnentafeln, die kein Verbandszeichen (VDH) tragen.
Wenn Sie einen Welpen kaufen möchten, lassen Sie sich zumindest die Mutter zeigen und beobachten Sie auch ganz genau deren Verhalten gegenüber Menschen.
Sind die Tiere und ihre Umgebung sauber und gepflegt?

Anmerkung des Autors

Es ist nicht einfach, eine Empfehlung auszusprechen, denn diese tendiert in eine klare Richtung: Schaffen Sie sich möglichst einen Welpen an und auch den nur von einem VDH-zugelassenen Züchter. Sie können so sehr sicher sein, ein Tier zu erhalten, welches nach wichtigen Standards gezüchtet und aufgezogen wurde. Die Prägung fällt noch ganz in Ihren Einflussbereich und Sie erleben alle Entwicklungsphasen des Hundes mit.
Natürlich gibt es aber leider immer wieder Lebensumstände, wie z. B. Ehescheidungen und Umzüge, bei denen der Hund auf der Strecke bleibt. Solche Tiere, die oft mit Kindern und auch anderen Haustieren aufgewachsen sind, sind darauf angewiesen, dass es auch Menschen gibt, die sich für einen erwachsenen Hund entscheiden, damit ihnen das Tierheim erspart bleibt.

Der Tipp:
Natürlich kann man auch mit erwachsenen und älteren Tieren noch eine schöne Zeit verleben, aber bereits geprägte Tiere können Risiken und Gefahren bergen.

Manche bereits erwachsene Hunde sind nicht artgerecht aufgezogen worden oder haben bei ihrem Vorbesitzer schlechte Erfahrungen gemacht. Verhaltensstörungen lassen sich dann nur sehr schwer oder manchmal auch gar nicht mehr beheben. Sind Sie mit Hunden unerfahren oder haben Sie kleine Kinder in der Familie, sollten Sie hier sehr vorsichtig sein.

Wenn es aber trotzdem ein Hund aus dem Tierheim oder privater Haltung sein soll, fragen Sie möglichst nach einem Welpen. Oft kommt es vor, dass trächtige Hündinnen noch vor dem Wurf im Tierheim abgegeben werden. Beachten Sie auch, dass Sie bei Tieren aus privater Haltung nicht die Möglichkeit zur Rückgabe haben und oft auch keinen wirklich kompetenten Ansprechpartner bei eventuellen Problemen mit dem Tier.

Auswahl des Züchters

Die Wahl des richtigen Züchters macht etwas Mühe, zahlt sich aber aus. In jedem Land gibt es Dachorganisationen wie den Verband für das Deutsche Hundewesen (VDH), den Österreichischen Kynologenverband (ÖKV) oder die Schweizerische Kynologische Gesellschaft (SKG). Diesen Organisationen unterstehen regionale Zuchtvereine, die ein strenges Regelwerk für die Hundezucht aufrechterhalten. Ein VDH-Hundezüchter unterwirft sich diesen Anforderungen und hat keine Scheu, seine Zucht objektiv prüfen zu lassen. Ein solcher Züchter weiß, dass er eine Tätigkeit mit umfassender Tragweite ausübt, so kann es durchaus sein, dass er Ihnen unangenehme Fragen stellt und im Einzelfall sogar von der interessierenden Rasse abrät, wenn er im Gespräch herausfindet, dass die typischen Eigenschaften der Deutschen Dogge eigentlich Ihren Wünschen nicht entsprechen können. Ein

Der Tipp:
Bitte Vorsicht bei Züchtern, die nicht beim VDH registriert sind. Mitunter sind diese als Verbandsmitglied gestrichen und dürfen eigentlich nicht mehr züchten. Satzungswidriges Verhalten, teilweise sogar tierschutzrechtliche Verstöße können Grund für einen Verbandsausschluss sein. Welpen aus solchen Zuchten erhalten keine gültige Ahnentafel.

seriöser Züchter bestreitet seinen Lebensunterhalt nicht mit der Hundezucht. So ist er nicht abhängig vom Verkauf der Tiere und wird nur solche Zuchthunde einsetzen, die auch dafür geeignet sind. Seine Hunde leben mit Anschluss an seine Familie, sie sind aufgeschlossen und freundlich gegenüber anderen Menschen. In der Regel werden auch Tiere bei ihm leben, die dem zuchtfähigen Alter entwachsen sind. Die Welpen werden nicht im Käfig (auch nicht im Garten in einem Drahtgestell) gehalten, sondern im Wohnbereich des Hauses mit direktem Familienkontakt. Der seriöse Züchter hat viel Zeit für seine Welpen und beschäftigt sich intensiv mit ihnen und den Interessenten. Sie dürfen ihn gerne besuchen, müssen sich aber auch unangenehme Fragen gefallen lassen, denn er möchte wissen, wer seine Babies bekommt. Er wird Ihnen kein Tier aufdrängen, sondern Sie vielmehr auch auf die Nachteile der Hundehaltung aufmerksam machen. Den Vergleich mit anderen Züchtern scheut er nicht. Er wird Ihnen u. U. nicht die freie Wahl irgendeines Welpen überlassen – er kennt seine Tiere und wird versuchen, den Hund herauszusuchen, der am besten zu seinem neuen Herrchen passt. Selbstverständlich gewährt der seriöse Züchter Ihnen Einblick in alle Untersuchungs- und Prüfergebnisse seiner Hunde. Sie bekommen bei ihm keinen Hund im Alter unter 10 Wochen und natürlich auch kein Tier ohne Papiere.

Nehmen Sie sich Zeit für die Anschaffung Ihres neuen Familienmitgliedes. Besuchen Sie ruhig mehrere Züchter und machen Sie sich kundig. Machen Sie nicht einen Preis für einen Kauf entscheidend, nur weil dieser einige hundert Euro unter dem anderen liegt. Sie möchten später viel Zeit mit Ihrer Dogge verbringen, da macht es Sinn, auch im Vorfeld etwas Zeit zu investieren um den richtigen Züchter zu finden. Weitere Wege und auch Wartezeiten sollten Sie in Kauf nehmen. Man sollte einen „Draht“ zu seinen Züchtern haben, diese sollen einem ja in Zukunft bei allen Fragen zur Seite stehen.

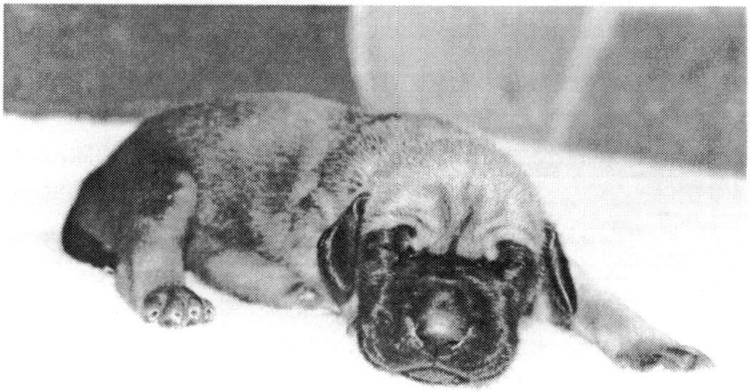

Der Tipp: So erkennen Sie einen seriösen Züchter.

- Er versichert sich, dass alle Familienmitglieder mit dem Hund einverstanden sind und ob bei Ihnen alle Voraussetzungen zur Haltung einer Dogge vorhanden sind
- Der Züchter zeigt Ihnen alle seine Hunde, nicht nur die Welpen
- Die Zuchtstätte und alle Hunde des Züchters machen einen gepflegten Eindruck
- Der Züchter beantwortet Ihnen alle Fragen
- Er wird Sie in Ihrer Entscheidung nicht drängen
- Er bietet Ihnen Beratung und Hilfe auch nach der Übernahme an
- Sie können die Welpen besuchen, beim füttern zusehen und mit ihnen spielen
- Der Züchter ermöglicht den Welpen ab der 5. Woche Bewegung an frischer Luft, den Kontakt zu anderen Hunden und Menschen
- Die Welpen werden frühestens mit 10 Wochen abgegeben
- Die Welpen sind mehrfach entwurmt und geimpft

Hände weg von Züchtern, die

- Ihnen Welpen aus 3, 4 oder mehr Würfen anbieten. Ein Wurf macht schon genug Arbeit. Hat ein Züchter 3 Würfe oder mehr, kann er sich nicht mehr wirklich um jeden Welpen kümmern
- Ihre Welpen in Scheunen, Schuppen, Kellerlöchern oder höheren Etagen eines Hauses halten, diese Welpen erblicken oft erst bei der Abholung das erste mal das Licht der Sonne
- Sie schon nach kurzer Zeit zu einem Kaufvertrag oder einer Anzahlung drängen, oft unter dem Vorwand, bereits viele Vorbestellungen zu haben
- Ihre Welpen schon im Alter von 8 Wochen oder früher raus haben wollen. Das Spiel mit den Geschwistern und die Erziehung durch die Mutterhündin bis zur 10./12. Woche kann kein Mensch ersetzen!
- Die nicht nachfragen, ob Sie die finanziellen Mittel, Fähigkeiten und Möglichkeiten besitzen, eine so anspruchsvolle Rasse wie die Deutsche Dogge zu halten
- Die nicht einem vom VDH anerkannten Rassezuchtverein angehören

Wichtig: Viele Züchter verschiedenster Rassen sind im VDH Mitglied. Trotz klarer Richtlinien kann es auch hier „schwarze Schafe“ geben. Allein die VDH-Mitgliedschaft ist also noch keine „Qualitäts-Garantie“. Informieren Sie sich bei Ihrem Zuchtverein und vergleichen Sie mehrere Züchter – Sie werden schnell ein Gespür dafür entwickeln, welcher Züchter korrekt und liebevoll mit der Aufzucht seiner Welpen befasst ist.

Die erste Zeit

Abholen

Endlich ist es soweit – Ihr Welpe ist nun gut 10 Wochen alt und Sie können ihn beim Züchter abholen. Natürlich hat dieser Sie in allen Bereichen eingehend informiert, er hat einen Futterplan aufgestellt und Ihnen Tipps für den Umgang mit Ihrem neuen Familienmitglied gegeben.

Wenn Sie Ihrer Dogge die Eingewöhnung besonders leicht machen möchten, sollten Sie diese gut vorbereiten. Ein Handtuch z. B., welches Ihnen mehrere Nächte Gesellschaft im Bett geleistet hat, nimmt Ihren Menschengeruch auf und wird vom Züchter gerne angenommen. Ihr Welpe lernt so schon in den ersten 8 Wochen den Geruch seiner künftigen Familie kennen und hat es leichter, sich an sein neues Herrchen zu gewöhnen. Wenn Sie Ihren Hund abholen, lassen Sie sich auch das Tuch wiedergeben – am künftigen Schlafplatz des Kleinen untergebracht, fühlt er sich gleich viel heimischer.

In der Regel wird der Züchter Ihnen nicht nur den Hund mitgeben, sondern auch eine ordentliche Menge des bisher verwendeten Futters, damit der Kleine sich nicht gleich umstellen muss. Sie bekommen einen Plan, wann der Welpe bislang entwurmt wurde und wann die nächste Entwurmung fällig ist. Das

dazugehörige Entwurmungsmittel erhalten Sie sicher auch dazu. In jedem Falle bekommen Sie gleich den Impfpass mit, der bestätigt, dass Ihre Dogge mindestens gegen Parvovirose, Hepatitis, Staupe und Leptospirose geimpft ist. Die Ahnentafel wird der Züchter i. d. R. nachreichen, da sie meist noch nicht vorliegt, wenn Sie Ihren Welpen abholen. Natürlich bekommen Sie auch einen Bericht über die Wurfabnahme, der Auskunft darüber gibt, ob die Zuchtbedingungen des Zuchtvereins erfüllt wurden und ob irgendwelche offensichtlichen Krankheiten oder Mängel am Tier erkannt wurden. Dann wird der Züchter Ihnen noch zeigen, dass Ihre Dogge tätowiert oder gechipt ist.
Der verantwortungsvolle Züchter wird mit Ihnen einen möglichst frühen Abholtermin vereinbaren und dafür hat er gute Gründe. Zum einen liegt dann noch der ganze Tag vor Ihnen und Ihrem Hund, der Gelegenheit bietet, sich gegenseitig kennen zu lernen. Außerdem hat der Welpe dann noch nicht gefressen und es besteht kaum Gefahr, dass ihm beim Transport übel wird. Zuhause angekommen wirkt es auf den neuen Bewohner natürlich besonders positiv, dann gleich etwas zu fressen zu bekommen.
Ihr Züchter liebt seine Tiere und wird auch Ihren Welpen auf die anstehende Autofahrt vorbereitet haben, ganz neu ist es also für Ihre Dogge wahrscheinlich nicht, gefahren zu werden. Trotzdem gehört es nicht zu den Tugenden junger Hunde, lange ruhig zu sitzen und ein wirklich geübter Autofahrer ist er natürlich auch noch nicht. Machen Sie es Ihrem Schützling leicht. Nehmen Sie ihn auf den Schoß, beruhigen und streicheln Sie ihn und geben Sie ihm das mitgenommene Handtuch, das inzwischen ja auch nach der Mama und den Geschwistern riecht. Dauert die Fahrt länger, legen Sie ruhig öfter Pausen ein, damit der Welpe sich lösen kann – für den Fall eines Missgeschicks im Auto sollten Sie unbedingt einige Papiertücher griffbereit haben. Gerade an warmen Tagen sollten Sie auch für frisches Wasser sorgen. Es muss wohl nicht darauf hingewiesen werden, dass rasante Kurvenfahrten oder gar Straßenrennen auf den Kleinen nicht gerade positiv wirken; auch ambitionierte Fahrer sollten also Rücksicht nehmen auf die nervöse „Fracht“.

Ankunft

Schon vor dem Abholen sollten Sie dafür sorgen, dass Ihr Garten (sofern vorhanden) sicher umzäunt ist. Damit Ihr Welpe nicht gleich irgendwelche Treppen hinunter fällt, sollten Sie diese z. B. mit einem Kindergitter sichern.

Räumen Sie alles weg, was nicht herumgetragen werden soll: Schuhe, Kinderspielzeug, usw. Auch Kleinteile, die Ihre Dogge verschlucken kann, sollten außerhalb ihrer Reichweite verstaut werden. Da der Welpe gerne alles mögliche annagt, sollten Elektrokabel, wertvolle Teppiche, giftige Pflanzen und dergleichen gut gesichert oder weggeräumt werden.

Ist die Fahrt vom Züchter beendet und der Kleine wohlbehalten zu Hause angekommen, setzen Sie ihn zunächst im Garten oder einfach draußen ab – oft macht er gleich sein erstes Geschäft und das ist ein großes Lob wert – schließlich kann da nichts auf dem Teppich landen. Im Haus bieten Sie Ihrer Dogge am besten gleich sein erstes Fressen an – das schafft Vertrauen und ein erstes Gefühl von Zugehörigkeit. Lassen Sie den Kleinen dann die Wohnung inspizieren, bevor Sie ihm seinen Schlafplatz zeigen. Idealerweise liegt dieser so, dass Ihr Hund keine Zugluft abbekommt und nicht ständig von vorbeihuschenden Familienmitgliedern gestört wird. Damit er sich nicht ausgeschlossen fühlt, sollte der Platz aber so gewählt sein, dass er das Geschehen in der Wohnung verfolgen und miterleben kann. Natürlich darf er keine Zugluft abbekommen und ein Platz an der Wand wäre gut, da Ihre Dogge, wie fast alle Hunde, sich gerne anlehnt. Natürlich bedarf es einer warmen, aber waschbaren Unterlage, damit Ihr Hund nicht von unten her friert.

Da Ihr Welpe gerne alles annagt, sollten Sie auf einen Weidenkorb aber verzichten, da es sonst leicht zu Verletzungen kommen kann.
Geben Sie jetzt noch das mitgebrachte Handtuch an den Schlafplatz, das so gut nach Mama und Geschwistern riecht, wird Ihr Welpe sich gleich etwas wohler fühlen und wegen der Strapazen der Fahrt und der Aufregung über alles neue sicher bald einschlafen.
Überfordern Sie Ihren Kleinen nicht gleich mit einem Begrüßungskomitee aller Freunde und Nachbarn oder mit zu vielen neuen Eindrücken. Vielleicht wird es auch so einige Tage dauern, bis der Welpe auftaut, schließlich muss er erst Vertrauen fassen und die Trennung von der Mama und seinem bisherigen Zuhause vergessen.

Die erste Nacht

Bestimmt werden Sie in der ersten Nacht kein Auge zumachen. Zu neu ist die Situation für Hund und Mensch. Lassen Sie Ihren Kleinen nicht allein, denn Sie übernehmen jetzt die Funktion des Rudels und bisher hat Ihr Welpe noch keine Nacht allein verbracht. Die Entscheidung, ob Sie Ihr Bett mit der Dogge teilen möchten, will wohl überlegt sein – durfte der Welpe einmal unter Ihre Decke kriechen, wird er dieses Recht auch später beanspruchen und Ihre mögliche Verweigerung dann nicht verstehen. Besser ist es also, Sie legen seine Schlafdecke neben Ihr Bett, sodass Sie ihn sofort streichelnd beruhigen können, wenn er unruhig wird.

Ihr neues Familienmitglied hat noch einen kleinen Verdauungsapparat und wird somit noch nicht die ganze Nacht überstehen, ohne sich zu lösen. Stellen Sie sich also darauf ein, mehrmals vor die Tür oder in den Garten zu gehen. Nach verrichtetem Geschäft sollten Sie dann aber wieder die Nachtruhe einleiten; machen Sie jetzt den Fehler, in der Nacht mit Ihrem Welpen zu spielen, wird er auch das womöglich weiterhin fordern und Ihnen keine Ruhe mehr lassen.

Ernährung und Pflege

Das Futter

Was braucht meine Dogge?

Der tägliche Bedarf eines gesunden Hundes: (pro kg Körpergewicht)	
Protein	4,8 g
Fett	1,1 g
davon Linolsäure	0,22 g
Mineralien	
Kalzium	242 mg
Phosphor	198 mg
Kalium	132 mg
Magnesium	8,8 mg
Eisen	1,32 mg
Kupfer	0,16 mg
Mangan	0,11 mg
Zink	1,1 mg
Jod	0,034 mg
Selen	2,42 Mikrogramm
Salz	242 mg
Vitamine	
A	110 IE
D	11 IE
E	1,11 IE
B1	22 Mikrogramm
B2	48 Mikrogramm
Pantothensäure	220 Mikrogramm
Nikotinsäure	250 Mikrogramm
B6	22 Mikrogramm
Folsäure	4 Mikrogramm
Biotin	2,2 Mikrogramm
B12	0,5 Mikrogramm
Cholin	26 Mikrogramm

Gewöhnen Sie Ihr Tier daran, dass sein Futter nicht zeitlich unbegrenzt zur Verfügung steht. So wird Ihre Dogge sich dann satt fressen, wenn die Zeit dazu gekommen ist. Zur Plage wird jeder Hund, der schlecht frisst. Auch die besten Tricks führen dann nicht dazu, dass er sein Futter zügig aufnimmt. Daher sollte Futter nicht den ganzen Tag über zur Verfügung stehen – in einem natürlichen Rudel wäre das auch nicht der Fall. Das Futter sollten Sie daher maximal etwa 10 Minuten stehen lassen. Merke: Ein schlechter Fresser wird nicht geboren – er wird dazu erzogen. Lassen Sie sich nicht Glauben machen, die Futtersorte oder Zusätze müssten ständig gewechselt werden – Ihr Hund frisst weil er Hunger hat und am Leben bleiben will. Er ist kein Feinschmecker, den man bei Laune halten muss. Lässt er einmal eine Mahlzeit aus, ist das nicht weiter schlimm. Er wird seine Gründe haben und beim nächsten Futter wieder gewohnt zuschlagen.

Futterplan

Bei den Welpen ist dies etwas anders. Ein guter Züchter wird Ihnen einen Futterplan mitgeben, der Sie genau darüber informiert, was Ihre Dogge bisher gefressen hat. Bitte erwarten Sie aber nicht zuviel von Ihrem Züchter. Genaue Futtermengen kann man einfach nicht festlegen. Zum einen spielt der Futterneid der Welpen untereinander eine Rolle – dieser fällt weg, wenn Ihr Tier allein zu Hause ist. Außerdem bewegt sich jedes einzelne Tier in der Welpengruppe weit mehr als in den Tagen nach dem Umzug. Wichtiger als eine genaue Menge ist daher die Art des bisherigen Futters – hier sollten Sie nicht gleich umstellen, da Welpen sonst oft mit Durchfall reagieren.

Welpen werden in der Regel nicht zu fett, dafür wachsen sie oft zu schnell, was zu einer Schädigung der Gelenke führen kann, wenn die noch weichen Knochen das große Gewicht noch nicht tragen können. Verzichten Sie daher auf Futtersorten mit <u>zu hohem</u> Proteingehalt. Solche Futtersorten sind geeignet für trächtige Hündinnen oder Hochleistungshunde (z. B. Schlittenhunde). Welpen, die keine Höchstleistungen erbringen müssen und dürfen (!), würden durch derartiges Futter nur zuviel Fettgewebe ansetzen. Spezielle Welpenfutter sind hier absolut zu empfehlen. Bei Ihrer Deutschen Dogge können Sie aber bedenkenlos alle Futtersorten verwenden, die speziell für die Aufzucht großer Rassen oder Riesenrassen entwickelt wurden. Diese haben einen hohen Prozentsatz Rohprotein und einen geringen Prozentsatz Rohfett (davon werden Welpen übergewichtig). Rohproteine werden zur Bildung der Muskulatur benötigt. Gerade eine Deutsche Dogge, die in der Wachstumsphase nicht übermäßig körperlich belastet werden sollte, benötigt Nährstoffe, die das Muskelwachstum unterstützen. Natürlich sind diese speziell entwickelten Futtersorten auch um einiges teurer.

Entgegen der landläufigen Meinung ist der Hund, und so auch Ihre Dogge, kein reiner Fleischfresser. Bei einem gerissenen Beutetier beispielsweise würden zunächst die Innereien gefressen, die gerade bei Pflanzenfressern viele wichtige Nährstoffe enthalten. So ist auch zu erklären, warum manche Hunde

eine echte Vorliebe für z. B. Schafskot entwickeln. Es gibt keinen Grund, Ihr Tier hier zu bevormunden – nicht alles was dem Hund schmeckt und gut tut muss uns auch appetitlich erscheinen.

Die Futtermittelindustrie hat viel Erfahrung in der Produktion geeigneter Sorten für die verschiedensten Altersstufen Ihres Tieres. Dennoch enthalten manche Welpenfutter zuviel Protein – verlassen Sie sich auf den Rat Ihres Züchters. Mit viel Erfahrung und aus Liebe zu seinen Tieren weiß er sehr genau, was gut für Ihren neuen Partner ist, bestimmt kann er Ihnen etwas Futter verkaufen und Ihnen auch eine Bezugsquelle nennen.

Der kleine Magen eines Welpen kann noch nicht viel Futter aufnehmen. Von der achten bis etwa zur zwölften Lebenswoche sollte Ihr Schützling daher 4 Mahlzeiten bekommen:

Morgens:
Frühstück sollte gegen 8.00 Uhr sein – geben Sie Ihrem Welpen eine Portion Trockenfutter, die Sie zuvor in warmem Wasser eingeweicht haben. Dies ist wichtig, damit Ihr Kleiner nicht zuviel frisst und sich das Futter im Magen

nicht weiter ausdehnt. In diesem Fall würde dem Körper zuviel Flüssigkeit entzogen, der Welpe würde viel Wasser trinken und sein kleiner Bauch wäre viel zu voll – die Folge: Verdauungsprobleme. Es ist sehr gut, wenn Sie das Frühstück mit frischem Obst oder Gemüse anreichern - auch Kartoffeln, Reis und Nudeln sind eine geeignete Beilage. Keinesfalls gehören Essensreste, Soßen oder gewürzte Speisen ins Futter – diese kann der Hundemagen nicht verarbeiten, was zu Gesundheitsstörungen und sogar Organschäden führen kann.
Frisches Fleisch können Sie hinzugeben, wenn Sie den Geschmack des Futters verfeinern möchten. In jedem Falle wählen Sie dann aber Rindfleisch – rohes Schweinefleisch kann Viren enthalten, die beim Hund schwere Gesundheitsschäden und sogar den Tod zur Folge haben können. Auch gekochtes Schweinefleisch ist nicht wirklich gesund. Auch wenn Ihnen der Geruch evtl. nicht gefällt, ist grüner Pansen für Ihre Dogge eine wahre Delikatesse und zudem ausgesprochen gesund, da viele Nährstoffe enthalten sind.
Entgegen mancher Behauptung können Sie Ihren Hund durchaus ausschließlich mit Trocken-Alleinfutter gesund ernähren. Dieses enthält auch einen ausreichenden Fleischanteil und ist meist gut ausgewogen. Besonders proteinhaltiges Dosenfutter dagegen eignet sich nicht als Alleinfutter. Ernähren Sie Ihren Hund ausschließlich mit dieser Konservenkost, kann es leicht vorkommen, dass er schlecht riecht, sein Fell fettig und glanzlos ist und er überdies Hautprobleme bekommt.

Mittags:
Wie beim Menschen auch, sollten Sie Ihren Welpen gegen 12.00 Uhr zu Tisch bitten. Verwenden Sie am besten handelsübliche Spezialfutter, die auf das Alter und die Entwicklungsphasen der Tiere optimal abgestimmt sind. Joghurt, Hüttenkäse oder Quark sollten Sie ruhig ab und zu untermischen – die enthaltenen Milchsäurebakterien pflegen den Darm, der hohe Kalziumgehalt und das Milcheiweiß tragen zur guten Entwicklung Ihrer jungen Dogge bei. Auch etwas Obst oder Gemüse können Sie unterreiben. Wenn Sie Eigelb hinzugeben möchten, beschränken Sie dies auf etwa eines pro Woche. Rohes Eiweiß dagegen sollten Sie nicht füttern, da einige Inhaltsstoffe die Aufnahme der im Eigelb enthaltenen Vitamine verhindern. Unverdünnte Milch kann schnell zu Durchfall führen, daher sollten Sie diese nicht geben.

Nachmittags und abends

Am frühen Abend, so gegen 17.00 Uhr, bekommt Ihr Welpe seine dritte Mahlzeit. Diese sollte ähnlich zusammengesetzt sein, wie das Frühstück. Vor dem Schlafengehen steht gegen 21.00 Uhr wieder Fertigfutter auf dem Speiseplan. Dieses ist leicht verdaulich und führt dazu, dass Ihr Welpe nicht wegen eines vollen Darms zu oft nach draußen muss.

Futterzusätze

Mit gutem Gewissen kann man hin und wieder einen kleinen Löffel Traubenzucker, Honig, Pflanzenöl oder Seealgenmehl als Futterzusätze empfehlen. Sorgen Sie dafür, dass das Futter Ihrer Dogge zu 2/3 aus pflanzlichen Bestandteilen und zu 1/3 aus Fleisch besteht. Wenn Sie dann noch für ausreichend Milchprodukte, Obst und Gemüse sorgen, sollten Sie auf Futterzusätze wie Vitamine und Mineralstoffe verzichten. Denn hier gilt: Zuviel ist manchmal schädlicher als zuwenig. Zuviel Vitamine werden einfach nicht verarbeitet und wieder ausgeschieden, zuviel Kalziumanteile aber z. B. können dazu führen, dass die Knochen zu schnell aushärten. Haarrisse an den Wachstumsfugen und anschließende Arthrosen können die Folge sein. Die meisten Fertigfuttersorten sind gut ausgewogen und können problemlos gefüttert werden.

Anzahl und Menge der Mahlzeiten

Hat Ihre Dogge ein Alter von 12 Wochen erreicht, stellen Sie die Anzahl der Mahlzeiten auf 3 um. Lassen Sie einfach eine Spätfütterung weg und ändern Sie die Zeiten zwischen den verbleibenden Fütterungen entsprechend gleichmäßig ab. Die letzte Mahlzeit sollte der junge Hund dann spätestens gegen 20.00 Uhr erhalten, so hat er vor dem Schlafengehen noch die Möglichkeit, sich zu entleeren – was für eine ruhigere Nacht sorgt. Ist Ihre Dogge ein halbes Jahr alt, reduzieren Sie die Fütterungen auf 2 mal täglich, die Menge wird dem Bedarf des Tieres angepasst. Dabei sollten Sie beachten, dass Futtermittelhersteller eher reichlich bemessene Empfehlungen geben, im Zweifelsfall fragen Sie Ihren Züchter. Sie werden aber auch ein eigenes Gefühl dafür entwickeln, was Ihr Hund braucht. Er sollte keinesfalls dick werden und man sollte seine Rippen spüren können. Natürlich darf er aber auch nicht zu

dünn sein – sind die Rippen zu sehen, ist dies ein Indiz für fehlende Ernährung. Insgesamt kann man sagen, dass ein etwas dünnerer Hund grundsätzlich gesünder ist als ein zu dickes Tier. Neben der Futtermenge ist es natürlich wichtig, dass die Mahlzeiten ausgewogen zusammengesetzt sind, damit bei Ihrer Dogge keine Mangelerscheinungen auftreten.

In keinem Fall sollten Sie dazu übergehen, die gesamte Tagesration auf einmal bereitzustellen. Ihr Tier könnte sich überladen und es kann zu einer lebensbedrohlichen Magendrehung kommen. Zwei Fütterungen täglich sollten also immer eingehalten werden.

Wann wird gefüttert

Ihrem Welpen werden Sie pünktlich sein Futter bereitstellen, im Laufe der Zeit sollten Sie beim älteren Hund dazu übergehen, die Zeiten etwas variabler zu regeln. Hat Ihr Tier sich nämlich erst einmal daran gewöhnt, pünktlich um 7.00 Uhr gefüttert zu werden, wird er auch am Wochenende darauf pochen und kaum darauf Rücksicht nehmen, dass sein Herrchen einmal ausschlafen kann und möchte. Variieren Sie die Fütterungen also ruhig um 1 bis 2 Stunden.

Neigt Ihre Dogge dazu, dick zu werden, sollten Sie die Futtermenge reduzieren – ausreichend Wasser muss natürlich immer zur Verfügung stehen.

Hygiene

Es versteht sich von selbst, dass Sie die Futter- und Wassernäpfe Ihrer Dogge regelmäßig reinigen und evtl. Futterreste entfernen. Andernfalls würden sich im Hundefutter Bakterien vermehren, die der Gesundheit Ihres Tieres schaden. Lassen Sie das Futter nicht den ganzen Tag über stehen – lässt ihre Dogge etwas übrig, räumen Sie den Napf weg und bieten später erneut etwas an. Steht das Futter den ganzen Tag über bereit, wird Ihr Hund sich dies merken und entweder zu viel fressen oder stetig am Futter mäkeln und so nur gelegentlich kleine Mengen zu sich nehmen.

Wasser

Wenn das Futter genügend Feuchtigkeit enthält, kann es im Winter durchaus sein, dass Ihre Dogge weniger Wasser aufnimmt – hier besteht dann kein Grund zur Sorge. Trotzdem sollte Ihrem Hund stets frisches Wasser zur Verfügung stehen, da der Flüssigkeitsbedarf (vor allem in der warmen Jahreszeit) nicht allein über das Futter gedeckt werden kann.

Leckerchen und Kauartikel

Leckerchen sind natürlich erlaubt, aber nur in Maßen und keinesfalls jeden Tag. Für besondere Leistungen, z. B. in der Ausbildung, soll Ihre Dogge natürlich belohnt werden, es gibt im Fachhandel viele Formen geeigneter Snacks, die alle verwendet werden können. Beachten Sie aber, dass auch Leckerchen Futter sind und zur (Über-)Ernährung Ihres Hundes beitragen. Nützlich ist ein Stückchen Käse oder etwas Kalbsleberwurst zum Verabreichen von Medikamenten, falls diese einmal nötig sein sollten. Praktisch jeder Hund nimmt diese dann freiwillig und merkt es nicht einmal.

Mit 4 bis 5 Monaten, währen des Zahnwechsels, ist das Kaubedürfnis Ihrer Dogge besonders groß, hält aber auch später weiter an. Geeignetere Kauartikel als Ihre Schuhe oder Stuhlbeine sind sicher im Tierfachhandel erhältlich. Knochen aller Art, auch Rinderbeinknochen, sind für Ihren Hund ungeeignet. Der Fachhandel bietet ausreichend Knabberzeug an, das genau auf die Bedürfnisse eines Hundes zugeschnitten ist.

Probleme mit der Nahrung

Betteln

Ihre Dogge lernt schnell und nachhaltig, erst recht, wenn es ums Fressen geht. Hat sie einmal etwas vom Mittagstisch bekommen, wird sie dies auch weiter fordern. Anfänglich finden Sie das dann vielleicht noch niedlich – im Laufe der Zeit wird es aber eher lästig. Und selbst wenn Sie sich von ihrer Bettelei am Tisch nicht gestört fühlen, wie sehen das Ihre Freunde, die zu Besuch kommen? Und was geschieht, wenn Sie Ihr Tier einmal mit ins Restaurant nehmen möchten? Abgesehen davon sind menschliche Speisereste für den Hundemagen oft nur schwer oder gar nicht bekömmlich. Es gilt also, sich selbst und der Dogge einen Gefallen zu tun. Füttern Sie nicht vom Tisch oder aus dem Kühlschrank heraus!

Übergewicht

Ist die normale Ernährung auf Größe und Bedarf Ihres Hundes ausgerichtet,

wird er hiervon im Normalfall nicht zu dick werden. Oft sind es die sog. „Leckerchen“, die Ihre Dogge zum Fass werden lassen. Hat sie erst einmal eine gewisse Fülle erreicht, mag sie sich nicht mehr recht bewegen und nimmt weiter zu – der Teufelskreis ist geschlossen.
Ein Tipp: Mit jedem Leckerchen, das Sie Ihrem Hund geben, legen Sie die gleiche Menge beiseite – Sie werden überrascht sein, wieviel sich da so bis zum Abend ansammeln kann.
Hunden allgemein fehlt eine Vernunft beim Fressen. Man weiß ja nicht, ob es morgen auch noch etwas geben wird, also frisst man auf Vorrat. Es wird praktisch alles gefressen, was angeboten wird. Tun Sie Ihrem Tier das nicht an. Ist es dann doch passiert, helfen zwei Dinge: Bewegung und Reis (oder auch gekochte gequetschte Kartoffeln oder Nudeln). Ersetzen Sie während der Diät die Hälfte des Futters durch Reis und sorgen Sie für viel Bewegung Ihrer Dogge. Mit etwas Durchsetzungsvermögen und Verzicht auf die Leckerchen zwischendurch sollte es möglich sein, Ihr Tier wieder auf ein gesundes Gewicht zu bringen.

Verdauungsstörungen

Wird Ihr Welpe von Durchfall und/oder Erbrechen geplagt, führt der Weg in jedem Falle zum Tierarzt. Sicher macht es auch Sinn, zunächst Ihren Züchter anzurufen – er steht Ihnen sicher gerne mit Rat zur Seite. Der Flüssigkeitsverlust kann bei dem Kleinen sonst schnell zu ernsthaften Gesundheitsschäden führen.
Beim erwachsenen Hund können Sie dagegen zunächst selbst therapieren. Lassen Sie eine Mahlzeit ausfallen oder ihn einen ganzen Tag fasten. Am nächsten Tag können Sie dann langsam anfangen, ihm eine Rezeptur aus gekochtem Reis, vermengt mit Hüttenkäse und einem Eigelb zu füttern. Der Reis wird in Salzwasser gekocht, das Sie ruhig mitfüttern können. Wasser muss übrigens auch bei Verdauungsproblemen jederzeit zur Verfügung stehen! Zeigt Ihr Hund Besserung, können Sie am nächsten Tag zusätzlich Haferflocken und ganz langsam auch das gewohnte Futter unter den Reis mischen. Bei einer normalen Verdauungsstörung sollten diese Maßnahmen spätestens am 3. Tag zum Erfolg geführt haben. Dauern die Beschwerden weiter an oder werden diese begleitet von Fieber und Mattigkeit, ist in jedem Falle sofort der Tierarzt aufzusuchen.

Die Pflege

Fellpflege

Die Fellpflege der Deutschen Dogge ist nicht besonders kompliziert. Es genügt völlig, alle paar Tage das Fell mit einem Noppenhandschuh oder Gummistriegel zu stiegeln.

Krallenpflege

Hat Ihr Hund viel Bewegung auf festem Boden, z. B. einem gepflasterten Bürgersteig, nutzen sich die Krallen selbst ab und ein Kürzen ist kaum erforderlich. Müssen zu lange Krallen aber doch geschnitten werden, lassen Sie dies am besten von einem Tierarzt machen oder lassen Sie sich von Ihrem Züchter zeigen, wie man vorgehen muss. Weit in die Kralle hineinreichende Blutgefäße und Nerven werden sonst leicht beschädigt und führen zu entsprechenden Schmerzen. Besonders bei Tieren mit guter Pigmentierung ist es oft nur schwer möglich, Gefäße und Nerven in den Krallen zu erkennen. Wenn Sie sich zutrauen, die Krallen selbst zu kürzen, verwenden Sie in jedem Falle eine spezielle Krallenzange. Diese schneidet die Krallen von unten her ab und quetscht sie nicht zusammen.

Augenpflege

Sollte am inneren Augenwinkel Sekret austreten, entfernen Sie dieses bitte gleich mit einem feuchten Tuch. Sollte allerdings die Bindehaut geschwollen und rot sein und hat der Hund eitrigen Ausfluss im Auge, besuchen Sie unbedingt mit ihm Ihren Tierarzt – womöglich liegt eine Bindehautentzündung vor.

Ohrenpflege

Ihre Dogge ist ein aktives Tier – sie wühlt im Sand, schwimmt und unternimmt vieles mehr – ihre Ohren sollten Sie daher täglich kontrollieren. Wie beim Menschen auch, sondert das Hundeohr fettige Substanzen ab, die u. a. das Ohr schützen. Findet man einen braunen Belag im Ohr des Tieres, muss es gesäubert werden. Auch hier zeigt Ihnen der Züchter gerne, wie man am besten vorgeht. Der Zoofachhandel und auch Ihr Tierarzt halten spezielle Lösungen bereit, die einfach ins Ohr geträufelt werden. Massiert man dann den Gehörgang von außen, werden Schmutzteilchen gelöst, die Ihre Dogge dann selbst herausschüttelt. Natürlich ist das Reinigen der Ohren für den Hund unangenehm und man sollte es nur bei echtem Bedarf tun. Setzen Sie sich hier keine zeitlichen Regeln. Es kann vorkommen, dass die Ohren Ihrer Dogge entzündet sind und stark riechen. Sie kratzt sich auffällig oft und intensiv an Ohren und Hals – Ursache sind wahrscheinlich Ohrmilben. Hier ist in jedem Falle ein Besuch beim Tierarzt nötig. Das gleiche gilt bei entzündeten Ohren, die dem Tier starke Schmerzen bereiten. Reagiert sie empfindlich auf Berührungen ihrer Ohren, sind diese heiß oder schiebt sie sie über den Boden, ist das ebenfalls ein Fall für den Profi: Ihren Tierarzt.

Gebisspflege

Manche Hunde neigen zur Zahnsteinbildung. Dieser führt zur Schädigung der Zähne und starkem Mundgeruch. Ihr Tierarzt kann hier helfen. Er entfernt den Zahnstein mit einem speziellen Gerät unter Narkose. Soweit sollte man es aber möglichst gar nicht kommen lassen – eine Narkose ist für Ihren Hund alles andere als gut und mit der täglichen Zahnpflege mittels spezieller Hundezahnbürste und –zahnpasta ersparen sie Ihrem Liebling diese unnötige Prozedur.

Ansonsten ist eine Zahnpflege allein durch Kauen gegeben. Spezielle Kauknochen sind besser geeignet als z. B. Kalbsknochen, da diese manchmal zerbissen und verschluckt werden – dies führt zu sehr hartem Stuhlgang, der Ihrer Dogge unangenehme Schmerzen bereiten kann. Gut geeignet für die Zahnpflege sind such spezielle Hundekuchen und hartes (natürlich nicht verdorbenes) Brot.

Kontrollieren Sie regelmäßig das Gebiss Ihres Hundes – Sie können so rechtzeitig auf z. B. Zahnsteinbildung reagieren und im Nebeneffekt fördert dies die Unterordnungsbereitschaft Ihrer Dogge.

Hygiene

Natürlich achten Sie auf die Pflege Ihres Hundes. Sie kontrollieren täglich seine Augen, wöchentlich seine Ohren und das Gebiss. Ebenfalls wöchentlich bürsten Sie sein Fell und achten dabei auf evtl. Zecken, andere Parasiten und Hautveränderungen. Etwa alle 3 Monate kürzen Sie bei Bedarf ggf. die Krallen.

Ebenso wichtig ist aber die Hygiene des Umfeldes. Futter- und Wassernäpfe sind natürlich täglich gründlich zu reinigen, Schlafdecken oder Kissen sollten regelmäßig gereinigt werden, damit sich keine Parasiten in ihnen vermehren. Ihr Hund läuft nicht gerne zwischen seinen eigenen Exkrementen herum; sollte er also den Garten auch als Toilette nutzen, sorgen Sie bitte täglich dafür, dass seine Hinterlassenschaften entfernt werden, ansonsten besteht akute Infektionsgefahr z. B. mit Würmern.

Gesundheit

Vorbeugen ist besser als Heilen – das gilt für Ihre Dogge genauso wie für den Menschen selbst. Eine ausgewogene Ernährung ist hier die wichtigste

Voraussetzung für die Gesundheit Ihres Tieres. Leben Sie im engen Kontakt mit Ihrer Dogge, werden Sie schnell ein Gespür für ihr Wohlbefinden entwickeln. Ihr Ausdruck, die Körperhaltung und auch Aussehen des Fells verraten Ihnen schnell, wenn sie sich nicht wohlfühlt. Frisst Ihr Tier regelmäßig und mit Appetit und nimmt es rege am Leben teil, ohne es z. B. zum Spaziergang überreden zu müssen, spricht dies für einen guten gesundheitlichen Zustand. Achten Sie auf Ihr Tier, verfallen Sie aber nicht in übertriebene Ängstlichkeit – auch Ihr Hund hat mal einen schlechten Tag, dies muss noch kein Anzeichen für eine Erkrankung sein. Deutliche Anzeichen für einen nötigen Tierarztbesuch sind allerdings: Trauriger, apathischer Ausdruck des Hundes, Futterverweigerung länger als ein Tag, Fieber, Teilnahmslosigkeit, Durchfall und Erbrechen trotz Diät und über längere Dauer. Scheidenausfluss der Hündin außerhalb der Läufigkeit.

Impfungen

Impfungen sind für Ihre Dogge wichtig und müssen regelmäßig erfolgen. Die fünf wichtigsten Impfungen erfolgen gegen Tollwut, Staupe, Hepatitis, Leptospirose und Parvovirose. Mit Ausnahme der Tollwutimpfung (diese kann erst ab der 12. Lebenswoche erfolgen) hat Ihr Züchter bei seinen Welpen bereits für eine Grundimmunisierung gesorgt. Diese bildet aber noch keinen garantierten Schutz gegen diese Krankheiten. Im Alter von 12 Wochen erfolgt dann die Tollwutimpfung und bereits die Wiederholung aller anderen Impfungen – erst jetzt ist Ihr Hund recht gut geschützt. Beachten Sie aber, dass die Wirkung der Impfungen erst nach ca. 4 Wochen eintritt – bis zur 16. Lebenswoche Ihrer Dogge ist also besondere Vorsicht geboten.

Alle genannten Krankheiten treten als Seuche auf und verlaufen in der Regel tödlich. Da keine Impfung ewig hält, müssen Sie Ihre Dogge regelmäßig nachimpfen lassen: Einmal jährlich gegen Tollwut, Leptospirose, Parvovirose, Staupe und Hepatitis. Möglicherweise empfiehlt Ihr Tierarzt auch die letzen Impfungen im Abstand von nur einem Jahr vorzunehmen. Dahinter steckt dann keine Geldsucht, sondern wohlgemeinte Prävention. In der letzten Zeit sind immer wieder einmal geimpfte Hunde an Staupe erkrankt. Zur Vermeidung solcher Impfdurchbrüche kann es durchaus sinnvoll sein, jährlich zu agieren. Vertrauen Sie Ihrem Tierarzt.

Vernachlässigen Sie das Thema Impfung bitte nicht. Diese Maßnahmen sind wichtig und schaden Ihrem Tier in keinem Fall. Als Impfreaktionen treten lediglich in einigen Fällen Durchfall oder leichtes Fieber auf – meist sind diese Symptome aber bereits nach wenigen Stunden verschwunden. Wenn Sie an Ausstellungen teilnehmen oder Ihre Dogge mit ins Ausland nehmen möchten, ist die Tollwutimpfung beispielsweise Pflicht. Außerdem kann ein geimpfter Hund keine Viren übertragen. Kommt Ihre Dogge z. B. einmal mit tollwütigem Wild in Kontakt, muss sie nicht getötet werden – bei nicht geimpften Hunden schreibt das Gesetz die Tötung vor.

Entwurmen

Wichtig für die Gesundheit Ihrer Dogge ist eine regelmäßige, also ¼- bis halbjährliche Entwurmung. Spulwürmer kommen am häufigsten vor, aber auch Hakenwürmer, Peitschenwürmer und Bandwürmer können Ihren Hund heimsuchen. Es werden viele Wurmmittel angeboten; Spezialpräparate gegen bestimmte Wurmarten und Allrounder – auch hier fragen Sie am besten Ihren Tierarzt. Er wird Sie auch informieren, wenn er häufigeres Entwurmen für richtig hält.

Welpen können die Wurmlarven bereits über die Muttermilch aufnehmen, daher ist das Infektionsrisiko in der Säugezeit besonders hoch. Ihr Züchter

beginnt daher bereits ab dem 10. Lebenstag mit der Entwurmung der Welpen und wiederholt diese etwa alle 2 Wochen bis zur Abgabe. Als neuer Besitzer wiederholen Sie die Entwurmung dann in der 11. und 12. Woche und sorgen somit für die Wurmfreiheit Ihres Kleinen bei der Wiederholungsimpfung. Dies ist deshalb so wichtig, weil die Impfungen bei einem verwurmten Hund wirkungslos verlaufen können. Verwenden Sie möglichst das Mittel, das Ihnen der Züchter genannt oder mitgegeben hat. Er wird hiermit gute Erfahrungen gemacht haben und Sie können sicher sein, dass Ihr Welpe das Präparat auch gut verträgt.

Am Tag der Entwurmung begutachten Sie bitte jeden abgesetzten Kot Ihrer Dogge. Tote Würmer werden mit ausgeschieden und sind mit bloßem Auge gut zu erkennen. Befinden sich Würmer im Kot, muss die Entwurmung nach 10 Tagen wiederholt werden, nur so erwischen Sie auch die Würmer, die zum Zeitpunkt der ersten Entwurmung noch Larven waren. Entwurmungsmittel wirken nämlich nur auf bereits voll entwickelte Würmer, nicht auf deren Larven.

Ist Ihre Dogge wurmfrei, erfolgt die nächste Entwurmung nach 3 Monaten und dann weiterhin jedes halbe Jahr. Wenn Sie Zweifel über die Wurmfreiheit des

Hundes haben, kann Ihr Tierarzt eine Kotprobe untersuchen, die sicheren Aufschluss über einen möglichen Wurmbefall gibt. In keinem Fall sollten Sie die Entwurmung vernachlässigen – durch intensiven Körperkontakt (z. B. bei Kindern) sind diese Parasiten durchaus auf den Menschen übertragbar.

Parasiten

Natürlich achten Sie auf die Gesundheit Ihres Hundes, auf Veränderungen der Haut und auf sein Wohlbefinden. Hygiene und Pflege ist für Sie selbstverständlich und dennoch kann es vorkommen, dass Ihr Tier von Parasiten befallen wird, daher hier einige Informationen zu diesen Plagegeistern.

Zecken

In allen Landesteilen heimisch, leben Zecken auf Bäumen, in Büschen und im Gras. Bei jedem Spaziergang besteht also die Gefahr, dass Ihre Dogge sich einen solchen Untermieter einfängt. Da die Zecke zunächst –nach der Suche einer geeigneten Stelle zum Anpieken – auf dem Fell Ihres Hundes umherläuft, haben Sie eine gute Chance, ihr Vorhaben noch rechtzeitig zu verhindern. Suchen Sie daher nach jedem Spaziergang den Körper Ihres Hundes nach Zecken ab. Diese suchen sich übrigens gerne ein Plätzchen, an dem es warm und die Haut des Hundes weich ist.
Hat sich die Zecke erst einmal in der Haut Ihrer Dogge festgebissen, hält sie sich mit Spezialwerkzeugen fest und spritzt zunächst einmal ein Sekret ein, welches ihr das Blutsaugen erleichtert. Sie kann sich mehrere Tage damit beschäftigen und fällt erst dann von selbst ab, wenn sie mit dem eingesaugten Blut eine Körpergröße von etwa einer Erbse erreicht hat. Soweit sollten Sie es nicht kommen lassen, denn Zecken übertragen Krankheiten, wie z. B. die Borreliose. Inzwischen gibt es hiergegen zwar Impfungen, aufgrund der vielen verschiedenen Erreger gelten diese aber keinesfalls als sicher.
Sie sollten die Zecke also möglichst sofort nach dem Aufspüren entfernen. Am besten geht das mit einer speziellen Zeckenzange, die Sie im Zoofachhandel oder bei Ihrem Tierarzt bekommen. Setzen sie diese an und drehen die Zecke vorsichtig heraus. Wichtig ist, das die Zecke vollständig (also auch der Kopf) entfernt wird, um Entzündungen zu verhindern. Natürlich hat eine Zecke kein Gewinde, der Aberglaube, man müsse sie in einer bestimmten Richtung

herausdrehen, entbehrt also jeder Vernunft. Genauso sollten Sie kein Babyöl oder ähnliches auf die Zecke geben, um diese zu töten. Zum einen ist eine tote Zecke nicht leichter zu entfernen und außerdem spuckt sie in ihrem Todeskampf weitere Mengen des bereits beschriebenen Sekrets, was dann leicht zu Entzündungen und anderen Erkrankungen führen kann.

Flöhe

Eine weitere Form ungebetener Gäste bilden die Flöhe. Sie sind klein, seitlich flach zusammengedrückt und wahre Weitspringer. Hat Ihre Dogge Kontakt z. B. mit einem Igel, dem klassischen Flohträger, ist ein Befall fast selbstverständlich. Auch Entfernungen von 2 Meter sind für die kleinen Plagegeister kein Problem.

Hält sich der Befall mit 2-3 Flöhen noch in Grenzen, genügt evtl. das Entfernen dieser Tierchen und ein Kämmen mit einem speziellen Flohkamm. Im Gegensatz zu den Zecken beißen sich Flöhe nicht im Körper ihres Opfers fest – sie stechen ab und an zu, trinken Blut und verschwinden dann wieder im Fell, wo sie -leider- auch ihre Eier legen. Ist es soweit gekommen, hilft nur noch Chemie. Entsprechendes Pulver oder Badezusätze erhalten Sie im Zoofachhandel und natürlich beim Tierarzt, der auch ein Mittel bereit hält, welches Sie Ihrer Dogge zwischen die Schulterblätter träufeln können. Von dort aus gelangt das Präparat in den Kreislauf des Hundes und beim nächsten Blutcocktail stirbt der Floh an diesem Gift. Da diese Mittel allesamt toxisch wirken, bleiben sie aber auch für ihren Hund nicht ganz ohne Folgen. Die Wirkstoffe müssen im Körper abgebaut werden und belasten somit Leber und Nieren. Leider bleibt bei einem Flohbefall aber keine andere Möglichkeit. Bitte denken Sie auch daran, das direkte Umfeld Ihres Hundes, vor allem den Schlafplatz, abzusuchen und zu behandeln. Flöhe fühlen sich nicht nur auf Ihrer Dogge sondern auch hier sehr wohl. Wichtig: Nach einem Flohbefall muss in jedem Falle eine Wurmkur durchgeführt werden, da die kleinen Untermieter den Bandwurm übertragen. Inzwischen gibt es beim Tierarzt entsprechende Kombi-Präperate gegen Würmer und Flöhe.

Grundsätzlich ist jede Prävention besser als späteres Heilen, nicht ganz so ist das bei den Flöhen. Natürlich können Sie z. B. spezielle Flohhalsbänder verwenden, die enthaltenen Stoffe führen aber zu Belastungen der Hundeschleimhäute und lassen Ihre Dogge auch permanent nach Mottenkugeln riechen. Das ist für Hund und Mensch gleichermaßen unangenehm. Natürlich kann es Ihre Dogge erwischen – dennoch ist die Gefahr eines Flohbefalls nicht so groß, dass man permanent dagegen vorgehen sollte – im Fall des Falles kann man immer noch nach dem Befall agieren.

Milben und Haarlinge

Wie Zecken und Flöhe, so gehören auch Milben und Haarlinge zu den Ektoparasiten[1], die Ihre Dogge befallen können. Diese verursachen ein stetiges Kratzen Ihres Hundes, Haarausfall und kahle Stellen. Diese Symptome sollten immer einen Tierarztbesuch zur Folge haben, der dann die geeigneten Gegenmaßnahmen mit Ihnen bespricht und durchführt. Besonders anfällig für Parasiten ist Ihr Schützling bei Problemen mit dem Immunsystem, z. B. nach einer Erkrankung. Trotzdem gilt auch hier – man sollte nicht aus Angst und Panik vor Parasiten das ganze Jahr über chemische Präventivmittel (spez. Halsbänder, etc.) einsetzen. Die enthaltenen Wirkstoffe belasten, wie bereits

[1] Ektoparasiten treten außerhalb des Körpers auf

erwähnt, den Körper Ihres Hundes weit mehr und können sogar zu bleibenden Organschäden führen.

Verdauungsstörungen

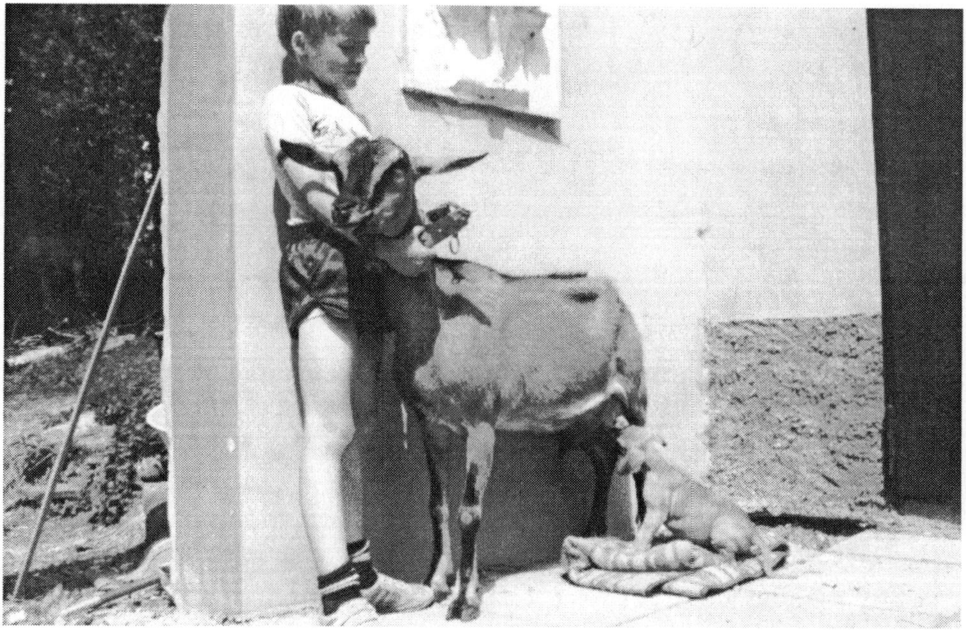

Während für Ihren Welpen Durchfall und Erbrechen schnell zu einem bedrohlichen Flüssigkeitsverlust führen können, ist es für einen erwachsenen Hund eher unkritisch, wenn er einmal von einer dieser Unpässlichkeiten heimgesucht wird. Ein gemeinsames Auftreten beider Verdauungsstörungen sollte allerdings auch bei einem erwachsenen Hund einen Tierarztbesuch folgen lassen.
Im Normalfall werden Sie einen Durchfall oder Erbrechen beim erwachsenen Hund aber gut und schnell durch einen Fastenstag und eine anschließende Diät bekämpfen können. Am ersten Tag bekommt Ihre Dogge also kein Futter, Wasser steht aber natürlich weiterhin frisch und unbegrenzt zur Verfügung. Am Folgetag wird in Salzwasser gekochter Reis, versetzt mit Hüttenkäse oder Joghurt gefüttert. Tags darauf kann man dann ein paar Haferflocken, gekochten

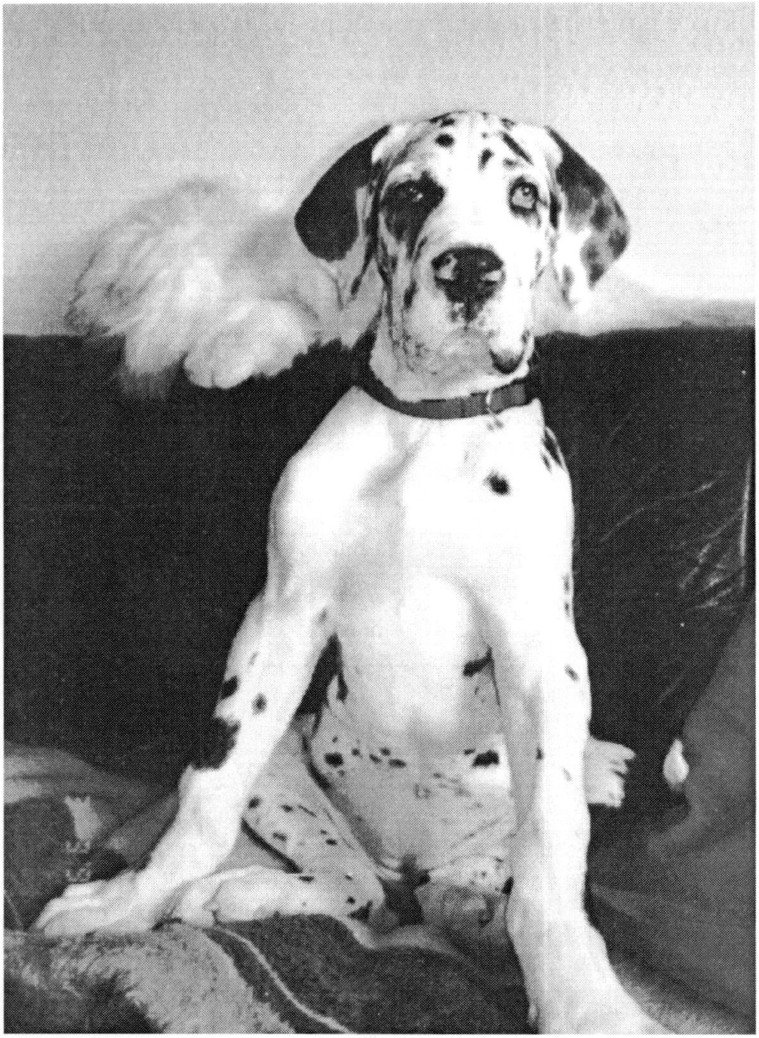

Fisch oder Huhn dazugeben. Nach und nach wird dann wieder das gewohnte Futter unter den Reis gemischt und schließlich wieder allein gegeben. Natürlich können Sie auch medikamentös einer Verdauungsstörung entgegenwirken. Verwenden Sie aber möglichst homöopathische Produkte, über deren Wirkung Sie sich bitte vorher genauestens informieren. Erbrechen, Durchfall, aber auch Verstopfungen können durch unverdauliches oder verdorbenes Futter auftreten. Ihr Tierarzt hat verschiedene Medikamente zur Hand, die Sie dann selbst verabreichen können. Um ernsthafte Erkrankungen auszuschließen, sollten Sie bei andauernden Beschwerden und natürlich grundsätzlich bei Fieber, in jedem Falle Ihren Tierarzt aufsuchen. Auch ein verschluckter Gegenstand kann, gerade bei Welpen, zu einer schmerzhaften Verstopfung führen.

Verletzungen

Verletzungen wie Schnittwunden und ähnliches sollten immer ein Anlass für einen Tierarztbesuch bilden. Auch wenn Sie zunächst selbst einen Druckverband anlegen können, sollte der Arzt zweifelsfrei feststellen, dass keine Fremdkörper mehr in der Wunde sind. In jedem Fall muss eine offene Wunde gereinigt und mit einem speziellen Mittel desinfisziert werden. Manche Tierärzte und einige große Organisationen führen inzwischen Erste Hilfe Kurse für Hundehalter durch. Es ist sicher nicht falsch, sich mit rettenden Sofortmaßnahmen auszukennen. Fragen Sie Ihren Tierarzt, den Zuchtverein oder Ihren Züchter nach solchen Angeboten.
Präventiv sollten Sie stets ein Erste Hilfe Set im Auto haben und bei Spaziergängen z. B. auch Ihr Handy mitnehmen.

Erziehung

Konsequenz! Das ist das Zauberwort und der Schlüssel für die Erziehung Ihres Hundes. Dabei spielt es keine Rolle, ob Sie ihm nur „Anstand“ für einen angenehmen Familienhund beibringen möchten oder ob Sie anstreben, ihn zu einem Meister seines rassespezifischen Faches zu machen. Bei aller Konsequenz gilt es aber auch, den besonderen Charakter Ihrer Dogge nicht zu vergessen. Zunächst ist es daher wichtig, dem Hund seinen Platz im Rudel klar zu machen. Er muss wissen, an welcher Stelle der Hierarchie er sich befindet und wo sein Mensch einzuordnen ist. Ist man nicht konsequent genug, wird die Dogge nicht verstehen, was man von ihr fordert – sie wird versuchen, die Rudelführung einzunehmen und trotz ihres liebenswerten Wesens wird sie dann kaum noch etwas um Ihre Wünsche geben. Zuviel Härte allerdings ist auch nicht angeraten – diese führt nur dazu, Ihre Dogge zu einem eingeschüchterten, unterwürfigen Etwas werden zu lassen – und wer will das schon? Als Rudelführer kann nur bestehen, dessen Reaktionen klar und einschätzbar sind. Bei diesem stärksten Rudelmitglied fühlt sich Ihre Dogge wohl. Sie findet Autorität, aber auch Schutz und Sicherheit. Ihr Hund wird sich letztendlich dem Familienmitglied am engsten anschließen, das die eindeutigsten und konsequentesten Reaktionen zeigt. Launische Menschen, die heute etwas erlauben, es morgen aber wieder verbieten, kann er nicht verstehen

und auch keinesfalls als Rudelführer akzeptieren. Niemals sollten Sie Ihre Dogge zu einem Spielzeug abwerten – weder für Kinder noch für Erwachsene.
Erziehung der Deutschen Dogge bedeutet weit mehr als nur das Erlernen von Kommandos wie Sitz, Platz oder Bleib. Sie betrifft vor allem auch den Alltag und wirkt sich auf das Verhältnis zwischen Mensch und Hund aus. Sicherlich kann es sinnvoll sein, spezielle Kurse auf dem Hundeplatz zu belegen – Sinn macht es aber nur dann wirklich, wenn das Erlernte im täglichen Leben umgesetzt und vertieft wird. Bitte beachten Sie, dass in ganz allgemeinen Kursen oft den besonderen Ansprüchen Ihrer Dogge nicht entsprochen wird. Die Ortsgruppen der Rassezuchtvereine sind hier sicher die richtigen Ansprechpartner um einen Kurs zu finden, der sich wirklich auch auf Ihren Hund bezieht. Ganz allgemein kann man aber durchaus sagen, dass der Besuch einer Hundeschule für Tier und Halter eine gute Sache ist. Schon für den jungen Hund gibt es spezielle Welpenspielgruppen und später kann man die verschiedensten Kurse belegen. Informieren Sie sich doch einfach einmal beim Zuchtverein oder Ihrem Züchter, welche Hundeschulen sich in der Nähe befinden und zu empfehlen sind. Informationen können Sie auch im Internet bekommen unter *www.hundeinformation.de*!

Grundsätzliches

Schon vor der Anschaffung Ihres Hundes sollte klar geregelt sein, welche Ausbildung er erhält, was erlaubt ist und was nicht. Dabei muss die ganze Familie am gleichen Strang ziehen. Es nutzt nichts, wenn Sie Ihrem Hund das Sofa verbieten, Ihr Kind ihn aber darauf sitzen lässt.
Ihr neuer Kamerad reagiert ausgesprochen emotional. Stets wenn sein Verhalten eine positive Reaktion im Rudel hervorruft, wird er dieses auch immer wieder zeigen. Ebenso wird er alles unterlassen, woraufhin er schlechte Erfahrungen gemacht hat. Es ist also wichtig, dass er klar erkennen kann, ob ein Verhalten nun gewünscht ist oder nicht – noch wichtiger ist, dass eine notwendige Strafe auch sofort erfolgt, denn nur dann kann der Hund diese dem jeweiligen Ereignis zuordnen. Ein Beispiel: Wenn Sie vom Restaurantbesuch zurückkehren und Ihre Dogge hat inzwischen die gute Ming-Vase zerdeppert, werden Sie zwar versucht sein, sie zu strafen – nützen wird es nichts. Nur wenn Sie sie unmittelbar bei ihrer „Tat“ ertappen, hat eine Strafe Sinn. Nur dann wird sie ihr Fehlverhalten erkennen können und dieses nach Möglichkeit nicht mehr zeigen.

Natürlich sind Lob und Schelte wichtig für die Erziehung Ihres Hundes. Die richtige Dosierung ist aber genauso entscheidend. Zum einen hängt diese von der Wichtigkeit des Vorganges ab, zum anderen vom Charakter Ihres Tieres. Die besten Erziehungsergebnisse werden Sie erzielen, wenn Sie sich in die Psyche und Verhaltensweisen Ihrer Dogge eindenken und etwas von der Sprache der Hunde verstehen. Völlig falsch sind Brutalität und schmerzverursachende Hilfsmittel. Halsbänder mit Elektroschock sind genauso verabscheuungswürdig wie z. B. ein Stachelhalsband. Wenn Sie Ihre Fähigkeiten zur Erziehung Ihres Hundes auf Brutalität beschränken wollen, werden Sie niemals positive Ergebnisse erzielen, selbst wenn Sie es schaffen sollten, Ihre Deutsche Dogge zu unterjochen – echte Partnerschaft werden Sie mit Tierquälerei nicht erzielen – ganz im Gegenteil: Angstbeißer sind wirklich unberechenbare Hunde.

Prägungsphasen

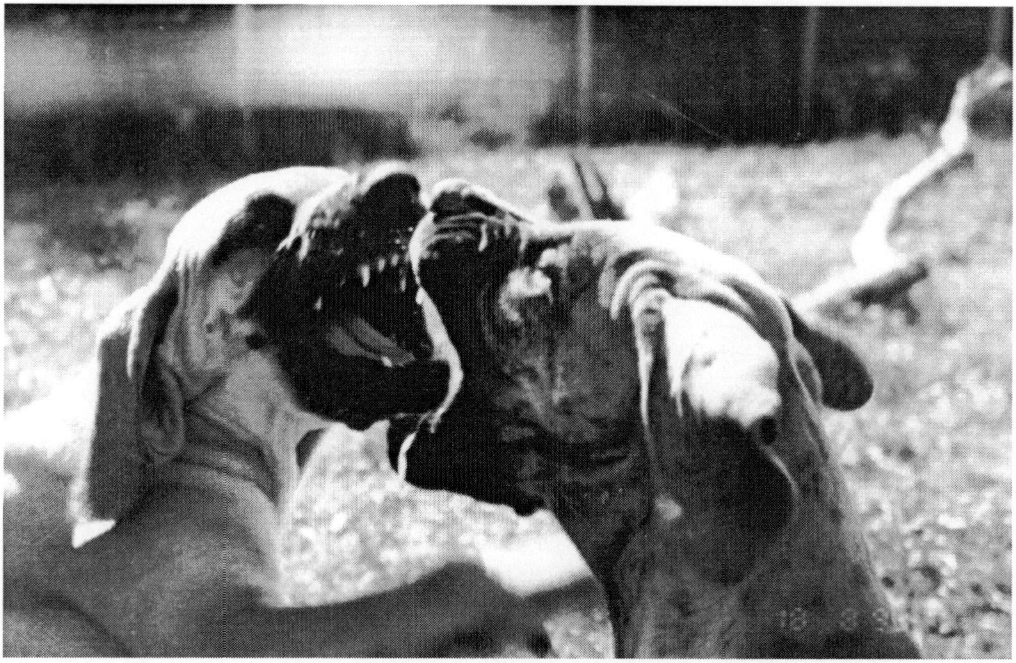

Nutzen Sie die Prägungsphasen Ihres Hundes. Gemeint sind zeitlich aufeinander folgende Lebensabschnitte, in denen die verschiedenen

Verhaltensmuster am besten gelernt werden. Als Mensch fehlt Ihnen natürlich der Instinkt, so dass Sie sich über die wichtigen Prägungsphasen Ihres Tieres möglichst schon vor der Anschaffung informieren.

Die Prägungsphasen im Leben Ihrer Deutschen Dogge

Erste Prägungsphase	**Erste Entwicklungsphase** • Vegetative Phase • Übergangsphase	 1. bis 2. Woche 3. Woche	 • Schlafen, Trinken, Kot absetzen • „Verlängerte Tragzeit" außerhalb des Körpers
	Zweite Entwicklungsphase • Erste Prägungsphase	4. bis 7. Woche	• Erwachen der Sinnesorgane • Sozialisierung mit Geschwistern und Menschen • Erste Umwelteindrücke
	Dritte Entwicklungsphase • Sozialisierungsphase	8. bis 12. Woche	• Die weitere Sozialisierung mit anderen Welpen ist jetzt wichtig • Abgabe an den neuen Besitzer • Beginn der Erziehung
Zweite Prägungsphase	**Vierte Entwicklungsphase** • Rangordnungsphase	13. bis 16. Woche	• Die Stellung innerhalb des neuen Familienverbandes wird ausgetestet • Mit 16 Wochen ist das grundlegende Wesen des Hundes ausgebildet
	Rudelordnungsphase	5. bis 6. Monat	• Entscheidende Phase für die zukünftige Stellung in der Familie
	Pubertät	7. bis 10. Monat	• Innere Unsicherheit • Erschrecken vor unbekannten Dingen • Erstes Beinheben beim Rüden • Erste Läufigkeit bei Hündinnen
	Erwachsenenalter	1 Jahr	• Kleinere Rassen etwas früher, große Rassen auch später

Deutsche Doggen testen oft im Alter von 8-10 Monaten noch einmal, wer der Chef ist. Konsequenz ist hier besonders wichtig.

Rangordnung

Es ist für Ihren Hund überhaupt kein Problem, sich auf der untersten Stufe der Rangordnung zu befinden. Wichtig ist nur, dass er selbst es auch weiß. Daher sollte bereits vom ersten Tag des Einzuges an klar sein, dass Ihre Dogge im Rudel stets einen Rang unter dem Menschen einnimmt. Die Rangordnung klären Sie nicht durch ständiges Reglement oder etwa durch Anbrüllen, sondern allein durch konsequentes Verhalten. Es darf also nicht sein, dass der Hund für die gleiche Verhaltensweise einmal von Ihnen bestraft wird, ein anderes mal dann nicht. Wenn Sie Ihrer Dogge ein Kommando geben, bestehen Sie auch auf die Umsetzung. So erkennt Ihr Tier bald, wer der Chef im Hause ist.

Darf der Hund aufs Sofa?

Nein, so sollte Ihre Antwort lauten. In der Natur ist dem Rudelführer ein Schlafplatz vorbehalten, der von keinem anderen Rudelmitglied angetastet wird. Allein durch das Verbot, Ihr Sofa als Schlafplatz zu nutzen, zeigen Sie also Ihrem Hund, wer hier der Chef ist.

Wollen Sie ihm das Sofa aber trotzdem erlauben, gilt dies in aller Konsequenz. Diese Erlaubnis gilt für jede Zeit und unabhängig vom Familienmitglied – auch die Frau des Hauses muss dies dann gestatten. Eine Entscheidung mal so, dann wieder so wird Ihr Hund nicht verstehen. Genauso wird er Ihr Sofa, wenn er will, auch sofort nach einem Spaziergang nutzen – er kann nicht entscheiden, ob er saubere oder schmutzige Pfoten hat.

Besser ist also, das Sofa von vornherein für die Nutzung durch Ihren Hund zu „sperren“. Hat er einige Male konsequent ein Nein gehört, wird er es nicht mehr versuchen, auf die Couch zu gelangen.

Wer frisst zuerst?

Auch bei der Beantwortung dieser Frage spielt wieder die Rangordnung, und deren Festlegung, eine wichtige Rolle. Der Rudelführer frisst immer zuerst. Nehmen Sie also Ihre Mahlzeit ein, bevor Sie Ihren Hund füttern. Und selbstverständlich füttern Sie ihn bitte nicht vom Tisch. Die Meinungen sind hier durchaus geteilt. Einige Züchter und Halter geben ihren Hunden das Futter durchaus auch vor der eigenen Mahlzeit und haben damit keinerlei Probleme.

Wer geht voran?

Ganz klar – der Mensch. Immer wenn Sie ein Zimmer oder die Wohnung betreten oder verlassen, gehen Sie voran und Ihr Vierbeiner folgt. Das gilt auch für das Bewältigen von Treppen (natürlich erst, wenn Ihr Hund hier nicht mehr getragen werden muss). Nichts ist lästiger als ein ständig den Weg versperrender Hund, wenn Sie gerade die Einkäufe oder den Wäschekorb zu transportieren haben. Durch die klare Regelung, wer vorangeht, sichern Sie auch, dass Ihr Tier nicht unkontrolliert z. B. auf die Straße rennt.

Hochspringen

Hochspringen sollte man einem Hund in jedem Falle abgewöhnen. So mancher Mensch mit „Hundeangst" mag es überhaupt nicht, auf diese Weise von Ihrer Dogge begrüßt zu werden. Und auch sonst ist diese Verhaltensweise lästig und kann bei einem schmutzigen Hund auch für Ärger sorgen.

Gerade der Welpe wird immer wieder an Ihnen hochspringen, unter anderem demonstriert er durch das sog. „Futterlecken" seine Untergebenheit. Ein jüngerer Hund leckt einem älteren Tier zur Begrüßung das Maul – dies versucht er auch bei seinem Menschen – dessen „Maul" kann er aber wiederum nur durch Hochspringen erreichen. Folge: Gehen Sie zur Begrüßung in die Hocke, so muss Ihr Welpe nicht mehr hochspringen. Im Normalfall verliert sich dieses Verhalten dann von selbst. Springt Ihre Dogge auch später noch am Menschen hoch, muss die Folge stets ein klares „Nein" sein – und zwar von dem Menschen, an dem sie gerade hochspringt. Einige Fachleute sind der Meinung, mit einem „Nein" würde man das Fehlverhalten des Hundes nur noch bestärken, da er das Wort nicht wirklich versteht und das Gesagte als Bestätigung empfindet. Wenn Sie diesen Eindruck haben, ignorieren Sie stattdessen das Fehlverhalten. Nehmen Sie Ihre Arme hoch, sehen Sie hoch und drehen Sie sich weg.

Unterwürfige Begrüßung

Es ist eine eindeutige Unterwerfungsgeste, wenn Ihr Hund bei der Begrüßung eine „Freudenpfütze" hinterlässt – völlig falsch ist eine Bestrafung; es wird dann nur noch schlimmer! In der Regel verliert sich dieses Verhalten nach dem Welpenalter, ist dies nicht der Fall, verhält sich der Begrüßte offenbar zu dominant. Dies kann sich äußern in einer gebeugten Haltung über dem Hund

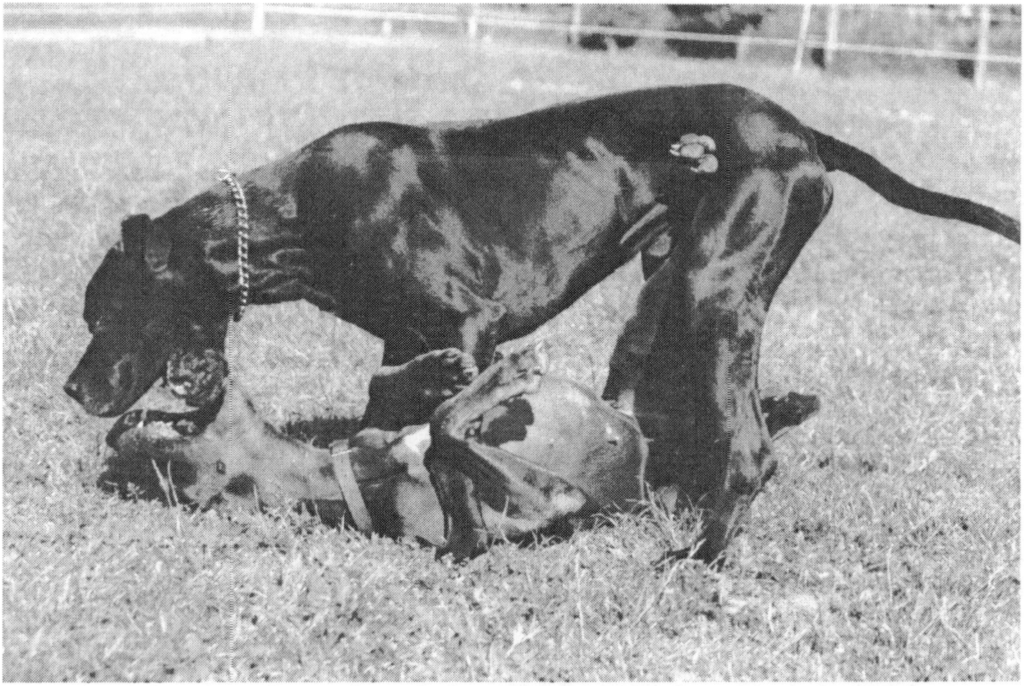

oder z. B. in einer besonders tiefen Stimme. Machen Sie kein Erlebnis aus einer Begrüßung – im Rudel genügt auch ein kurzes Schnüffeln. Nur wenn die Rangordnung in der Natur noch nicht geregelt ist, kann es vorkommen, dass der begrüßte Hund eine Unterwerfungsgeste fordert, z. B. in der Form, sich auf den Rücken zu legen. Verzichten Sie als Mensch aber auf solche Dominanz – auch bei längerer Abwesenheit sollten Sie eine Begrüßung so ausfallen lassen, als hätten Sie nur gerade den Müll herunter gebracht.

Gemaßregelt – was nun?

Haben Sie Ihren Hund für ein Verhalten getadelt, lassen Sie es auch dabei. Es macht keinen Sinn, sich später dafür zu entschuldigen. Gehen Sie nicht klärend auf ihn zu – ein Rudelführer macht das einfach nicht. Warten Sie, bis Ihre Dogge die Situation klären will und auf Sie zukommt. Zeigen Sie sich dann bitte nicht nachtragend, sondern zeigen Sie Ihrem Hund, dass die Stimmung wieder in Ordnung ist.

Spielen

Das Festlegen der Rangordnung ist, wie bereits erwähnt, außerordentlich wichtig. Ein entscheidender Faktor ist hier auch das Spielen mit Ihrem Hund. Spielen Sie ohne Beute, ohne einen Gegenstand also, wälzt man sich quasi mit dem Hund auf dem Boden umher. Es ist wichtig, dass der Mensch bestimmt, wann und wie lange gespielt wird. Dabei gibt es verschiedene Möglichkeiten, die Rangordnung zu klären: Legen Sie Ihren Vierbeiner auf den Rücken, halten Sie ihn auf dem Boden fest oder greifen Sie mit der Hand über seinen Fang – somit wird dem Tier auf einfache Weise klar gemacht, wer der Überlegene ist. Welpen können ihre Kraft noch nicht einschätzen und durch deren spitze Milchzähne kann es durchaus auch schon einmal zu kleineren Verletzungen kommen. Reagieren Sie in solchen Fällen nicht aggressiv, auch dann nicht, wenn der Kleine im Übereifer einmal knurren sollte. Machen Sie ihm beruhigend klar, dass er seine Grenzen überschritten hat. Zur Unterstützung können Sie auch piepsende Laute von sich geben. Wird Ihr Welpe zu wild, beenden Sie das Spiel. Stehen Sie einfach auf und gehen weg.

Wenn Sie mit einem Gegenstand, also mit Beute, spielen, sorgen Sie dafür, dass der Hund diese Beute auch abgibt.. Natürlich können Sie ihm sein Spielzeug später wiedergeben; die Entscheidung ob und wann liegt aber immer bei Ihnen und Ihr Tier hat sich dem unterzuordnen.

Verzichten Sie auf sog. „Zerrspiele“, die den Kampftrieb des Hundes fördern. Auch wenn Sie den Eindruck haben, dass Ihr Vierbeiner es genießt, z. B. an einem von Ihnen festgehaltenen Handtuch zu zerren, sollten Sie auf derartige Kämpfe unbedingt verzichten. Hat der Hund eine Beute, ist es wichtig, ihn mit beruhigenden Worten dazu zu bringen, diese abzugeben. Dabei sollten Sie keinesfalls hinter dem Tier herlaufen (auch nicht Ihre Kinder). Besser ist es, den Bringtrieb zu fördern. Zunächst gilt es also, den Hund zu sich zu locken. Kommt er, wird er schon hierfür ausgiebig belohnt – erst dann nehmen Sie ihm die Beute ab, ohne daran zu zerren. Es ist wichtig, dass Ihr Tier diese Verhaltensweise erlernt. So können Sie ihm z. B. auch Dinge abnehmen, die beim evtl. Herunterschlucken Gefahren bergen. Wenn Sie den Wunsch haben, Ihren Hund auf das Apportieren zu trainieren, beginnen Sie unbedingt schon im Welpenalter mit Bringspielen und loben Sie Ihren Hund bei jedem Erfolg sehr ausgiebig. Dieses Spiel sollten Sie fortsetzen, bis Sie merken, dass Ihr Tier die Lust verliert. Dann sollten Sie nach einem letzen Erfolg abbrechen. Übrigens:

Ihr Vierbeiner wird sicher auch schon einmal etwas apportieren, was Ihnen nicht appetitlich erscheint – dennoch sollten Sie ihn dafür loben, denn es ist ein besonderer Vertrauensbeweis, wenn Ihr Hund Ihnen freiwillig seine Beute gibt. Die Rangfolge wird mehr und mehr gefestigt, wenn Sie dem Spiel auch das Training auf bestimmte Kommandos folgen lassen. Im Rahmen dieses Buches kann nicht die vollständige Erziehung[2] Ihrer Dogge besprochen werden, auf einige wichtige Kommandos soll aber nachfolgend eingegangen werden.

Befehle

Herkommen bzw. Hier

Natürlich ist es unerlässlich, dass Ihr Hund kommt, wenn Sie ihn rufen. Das entsprechende Kommando kann durch Rufen oder mittels einer Hundpfeife oder eines Clickers erfolgen. Auf eine Pfeife oder den Klicker können Sie Ihren Hund hervorragend konditionieren. Geben Sie das Signal ganz einfach auch immer dann, wenn es ans Füttern geht und zwar unmittelbar bevor Sie

[2] s. hierzu das Buch „Hundeerziehung effektiv"

den Napf in den Futterständer stellen. Bei Verwendung einer doppeltönigen Pfeife verwendet man für das Komm-Kommando in der Regel den glatten Pfiff. Bei dieser Übung ist es unerheblich, ob der Hund noch zum Futter gerufen werden muss oder bereits neben Ihnen sitzt. Entscheidend ist, ihn darauf zu trainieren, das das Geräusch unmittelbar mit der positiven Erfahrung der Fütterung zusammenhängt. Für eine bestimmte Zeit gilt es also, vor jeder Mahlzeit zu pfeifen oder den Clicker zu benutzen. Gerade den Umgang mit einem Clicker sollte man aber lernen – auch erfahrene Hundehalter machen hier leicht Fehler. Besuchen Sie einen entsprechenden Kurs und üben dann in der Praxis.Nach einiger Zeit können Sie dann das Kommando im Haus verwenden, ohne Ihren Hund zu füttern – ein Leckerchen zur Belohnung sollte aber bereitgehalten werden. Kommt Ihr Hund in dieser Zeit einmal trotz Kommando nicht, übertreiben Sie Ihren Trainingswunsch bitte nicht – lassen Sie es auf sich bewenden und trainieren Sie erst einmal wieder in Verbindung mit der Fütterung. Im Laufe der Zeit versteht Ihre Dogge das Kommando. Insgesamt sollte man maßvoll vorgehen – noch längst haben Sie Ihren Vierbeiner nicht derart unter Kontrolle, dass er bei jedem Kommando auch kommt. Probieren Sie es alle paar Tage wieder und halten Sie anfangs bei jedem Erfolg ein Leckerchen bereit – später nur noch ab und an. Bekommt Ihr Hund sein Futter, sollten Sie weiterhin das entsprechende Signal geben.. Befolgt Ihre Dogge das Kommando in Haus und Garten, können erste Versuche im Freien erfolgen. Achten Sie darauf, dass das Tier nicht z. B. von anderen Hunden abgelenkt wird. Bitte beachten Sie – Sie haben Ihren Hund noch nicht unter Kontrolle. Damit das Kommando nicht unklar wird, sollten Sie dieses nur geben, wenn Ihr Tier auch kommen kann. Wichtig ist auch, auf die Ausführung des Kommandos zu bestehen und zwar ausnahmslos – sonst merkt Ihr Hund, dass es ja nicht schlimm ist, wenn er nicht reagiert. Wichtig: Geben Sie ein Kommando immer nur einmal, keinesfalls öfter, sonst lernt Ihr Hund, dass er Ihr Kommando erst nach einer bestimmten Anzahl von Wiederholungen befolgen muss – und das kann nicht in Ihrem Sinne sein.

Natürlich sollten Sie Ihre Dogge auch über die Stimme auf das Kommando „Komm“ oder „Hier“ trainieren. Am besten beginnen Sie mit dem Rufen dann, wenn der Hund ohnehin schon auf dem Weg zu Ihnen ist. Loben Sie ihn und belohnen Sie sein Kommen mit einem Leckerchen. Schnell wird er dann auch Ihr Kommando mit dieser positiven Erfahrung verbinden. Auch hier gilt: Beginnen Sie mit dem Training in einer Umgebung, wo der Hund nicht abgelenkt wird und erwarten Sie nicht beim ersten Versuch gleich einen bahnbrechenden Erfolg. Bekanntlich will gut Ding Weile haben und alles braucht seine Übung.

Sitz

Dieses Kommando wird Ihr Hund recht schnell erlernen. Bereits im Welpenalter setzt er sich von allein oft hin, wenn er etwas ansehen möchte. Hat er sich also hingesetzt, loben Sie ihn und wiederholen Sie das Wort „Sitz“ ruhig einige Male – er wird schnell begreifen, worum es geht. Dann geht es ans Training. Setzt Ihr Vierbeiner sich beim Kommando „Sitz“ nicht, bewahren Sie Ruhe und helfen ihm bei der Übung, indem Sie mit der einen Hand an seine Brust, mit der zweiten auf seine Kruppe fassen. Die Kruppe drücken Sie dann sanft (!) in Richtung Boden, während Sie seine Brust leicht nach hinten schieben. Sitzt er dann, wird er ausgiebig gelobt und evtl. auch belohnt. In jedem Falle sollten Sie, wie stets, auf die Ausführung eines Kommandos bestehen.

Platz

Dieses Kommando übt man auf die gleiche Weise wie „Sitz“. Befolgt Ihre Dogge Ihren Befehl, wird sie natürlich wieder ausgiebig gelobt. „Platz“ fordert dem Hund eine erhebliche Unterordnungsbereitschaft ab – in den Anfängen werden Sie kaum umhin kommen, ihn bei diesem Kommando leicht zu unterstützen. Hier wird ab und an etwas Druck notwendig sein. Sollte es nötig sein, drücken Sie Ihren Hund im Sitzen an den Schulterblättern sanft(!) in Richtung Boden und ziehen Sie gleichzeitig seine Vorderläufe nach vorn. Diese Vorgehensweise ist dem Tier alles andere als angenehm und darf daher nur angewandt werden, wenn Sie auf andere Weise nicht ans Ziel kommen.

Das Kommando „Platz“ ist bei einem Welpen kaum zu realisieren, daher sollten Sie die Befolgung Ihrer Dogge nicht zu früh abverlangen. Dennoch ist es ein wichtiges Kommando, auf das man letztendlich nicht verzichten kann. In manchen Fällen kann es sehr wichtig sein, Ihre Dogge bedingungslos stoppen zu können.

Wenn Sie das Kommando geben, unterstützen Sie es durch eine erhobene Körperhaltung und heben Sie gleichzeitig einen Arm. Das lässt Sie größer erscheinen und sorgt für mehr Respekt bei Ihrem Hund. Beherrscht Ihre Dogge das Kommando, sollten Sie ihn auch auf die Trillerpfeife konditionieren. Das

hat den Vorteil, dass Sie ihr Tier auch auf größere Entfernungen problemlos einen entsprechenden Befehl geben können. Bis der Hund perfekt auf die Trillerpfeife hört, unterstützen Sie diese Art des Kommandos mit Ihrer Stimme und Körperhaltung. Wie bereits gesagt, das Kommando „Platz“ setzt absoluten Gehorsam und eine weitestgehende Unterordnung Ihres Tieres voraus – damit Sie Ihre Dogge nicht überfordern, sollten Sie mit diesem Kommando also nicht bei einem jungen Hund beginnen.

Bleib

Auch für dieses Kommando gilt: Nichts für Welpen und zu junge Hunde. Ihr Welpe hat naturgegeben den Wunsch, Ihnen zu folgen. „Bleib“ wäre für ihn mehr eine Strafe als ein akzeptables Kommando. Erst wenn Ihr Vierbeiner etwas Selbstbewusstsein entwickelt hat, kann er eine gewisse Zeit ohne Sie an einem Ort verbleiben und Ihr Kommando somit ausführen. Wie bei allen Kommandos üben Sie auch „Bleib“ zunächst in gewohnter Umgebung – das schafft Vertrauen bei Ihrer Dogge. Klappt diese erste Übung, können Sie es draußen versuchen. Am besten halten Sie ihr Tier dabei zunächst an der Leine, so hat Ihr Hund noch einen gewissen Kontakt zu Ihnen. Nachdem Sie das Kommando gegeben haben, entfernen Sie sich unter beruhigenden Worten und mit stetem Blickkontakt ein kleines Stück. Bevor er aufsteht, gehen Sie zurück und loben ihn wieder ausgiebig. Im Laufe der Zeit verzichten Sie auf die Leine. Gleichzeitig vergrößern Sie den Abstand und die Dauer, bleiben aber immer in Sichtkontakt zum Hund. Erst wenn diese Übungen perfekt ausgeführt werden, versuchen Sie, dem Hund den direkten Blickkontakt zu nehmen, indem Sie sich z. B. hinter Ihr geparktes Auto stellen. Erhöhen Sie immer mehr die Dauer Ihres Wegbleibens und bestehen Sie darauf, dass Ihr Hund erst wieder aufsteht, wenn Sie ihn abholen. Dieser Befehl ist z. B. dann sehr wichtig, wenn Ihr Tier z. B. beim Einkaufen eine gewisse Zeit vor dem Geschäft auf Sie warten soll.

An der Leine

Dieses Thema ist von besonderer Wichtigkeit. Was ist lästiger, als ein Hund, der keuchend an der Leine zerrt. Bei einem Welpen ist es sicherlich noch kein Problem, sich dem entgegenzustellen, ist Ihre Deutsche Dogge aber ausgewachsen, gilt es einen Hund von einem gewaltigen Körpergewicht zu bändigen. Hat das Tier bis dahin nicht gelernt, an der Leine geführt zu werden, hört der Spaß auf. Bitte bedenken Sie: Was Ihr Hund in jungen Jahren nicht lernt, wird er später kaum noch akzeptieren. Erfahrene Fachleute sind der Meinung, die Dogge sollte im Alter von etwa 17 Wochen an die Leine gewöhnt werden. Wichtig ist, dass vom ersten Tag an eines für Ihren Hund klar ist: Er darf nicht an der Leine ziehen. Im Klartext bedeutet dies, dass Ihr Tier in der richtigen Position neben Ihnen gehen muss und zwar so, dass die Leine locker durchhängt. Ein Druckgefühl am Hals muss somit für Ihren Hund mit einer negativen Erfahrung verbunden werden. Aber wie soll man nun vorgehen? Ganz einfach: Zunächst ist es wichtig, dass Ihr Vierbeiner bisher keinerlei Erfahrung mit der Leine gemacht hat. Für Ihre ersten Übungen suchen Sie sich am besten einen Tag, an dem Sie selbst genügend Zeit haben und möglichst ausgeglichen sind. Hatten Sie Stress in der Arbeit oder mit der Familie, verschieben Sie die erste Lektion auf einen anderen Termin. Ist es dann aber soweit, sollten Sie Ihren Hund zunächst etwas müde machen – spielen Sie also ruhig ausgiebig mit Ihrer Dogge. Rüsten Sie sich aus mit einer Leine und einigen Leckerchen. Suchen Sie dann einen Platz auf einem Gelände, das Ihr Hund nicht kennt – so hat er schon selbst eher das Verlangen, in Ihrer Nähe zu bleiben. Dort angekommen, legen Sie Ihrem Hund zum ersten Mal in seinem Leben eine Leine an – natürlich werden Sie sich dabei beruhigend mit ihm unterhalten. Nun versuchen Sie, ihn dazu zu bringen, einige Meter neben Ihnen herzugehen (neben Ihrem linken Bein). Zur Unterstützung können Sie ihm ruhig ein Leckerchen geben. Hat diese Übung geklappt, sollten Sie es erst einmal darauf bewenden lassen – für den ersten Tag haben Sie schon viel erreicht. Natürlich klappt es nicht immer so reibungslos und auf Anhieb. Es kann durchaus der Fall sein, dass Ihr Vierbeiner angeleint sitzen bleibt und sich nicht vom Fleck rührt – womöglich springt er aber auch wie eine kleine Ziege umher und zerrt an der Leine. Versuchen Sie, mit beruhigenden Worten, ihn dazu zu bringen, einige Meter neben Ihrem linken Bein spazieren zu gehen, ohne dass die Leine sich spannt. Klappt dies nicht und Ihr Hund zieht und zerrt an der Leine, muss sofort eine unangenehme Erfahrung die Folge sein. Ziehen Sie mit einem (durchaus kräftigen) Ruck Ihre Dogge in die richtige Position zurück. Das hat nichts mit Quälerei zu tun und Ihr Hund wird auch nicht verletzt. Die unangenehme Erfahrung wird er bald vergessen haben, wenn ihm erst einmal klar ist, dass die Leine dazu dient, spazieren zu gehen. Bei jedem Spannen der Leine muss die Dogge sofort mit einem unsanften Ruck an die richtige Position gebracht werden – dabei sollten Sie aber nicht schimpfen. Wenn Sie immer gleichbleibend freundlich sind, wird Ihr Tier merken, dass die Strafe nicht von Ihnen, sondern quasi von ihm selbst ausgeht. Auf diese Weise wird er lernen, selbst darauf zu achten, dass die Leine nicht gespannt wird. Wie immer, sollten Sie Ihren Hund nicht überfordern – in der Anfangsphase genügen 2 bis 3 Übungen täglich, die nicht länger als je 5 Minuten andauern, um ihn an die Leine zu gewöhnen. Eines muss aber immer klar sein – ist die Dogge angeleint, darf sie nicht an der Leine ziehen. Versuchen Sie im Laufe der Zeit, die Übungen interessanter zu gestalten. Wechseln Sie häufiger die Richtung und das Tempo und sprechen Sie zu Ihrem Hund. Lässt die Konzentration der Dogge nach, gilt es, sie abzuleinen und mit ihr zu spielen. Mit Konsequenz und Ausdauer werden Sie erzielen, einen leinenführigen Hund zu haben und ein Spaziergang mit Leine wird für beide Seiten zum Erlebnis.

Ungehorsam

Gehorsam hat nichts zu tun mit Dressur oder irgendwelchen Kunststückchen. Vielmehr ist sie eine absolut erforderliche Voraussetzung für ein angenehmes Miteinander zwischen Mensch und Hund. Klappt es mit dem Gehorsam nicht, liegt dies nicht an Ihrem Hund, sondern allein an seinem Führer. An Ihnen liegt es, festzustellen, wann Ihr Hund überfordert ist oder tatsächlich den Gehorsam verweigert. Nur mit gut abgewogenen Reaktionen können Sie dafür sorgen, dass Ihr Tier versteht, worum es geht. So ist es z. B. auch wichtig, dass stets Sie eine Übung beenden und nicht ihr Hund. Ihr Hund darf nach dem Kommando „Sitz“ z. B. erst dann wieder aufstehen, wenn es durch ein neues Kommando, z. B. „Komm“ oder „Lauf“ abgelöst wurde. Holen Sie sich ggfs. Hilfe bei den Ortsgruppen der Rassezuchtvereine. Die Verantwortung für den Gehorsam Ihrer Dogge liegt also bei Ihnen, nicht beim Hund.

Hundeschulen

Es ist sicherlich sinnvoll, sich bei der Erziehung des eigenen Hundes von einem Profi unterstützen zu lassen. Hundeschulen bieten hier ein umfassendes und vielfältiges Programm – von der Welpenspielstunde über Trainingsprogramme bis hin zum Einzelunterricht für problematische Tiere. Der Besuch einer qualifizierten Hundeschule macht nicht nur Spass, sondern hat auch seinen Sinn. Fachleute helfen Ihnen bei der Prägung Ihres Welpen und unterstützen Sie bei der artgerechten Erziehung Ihrer Dogge.

Im Buchanhang finden Sie Adressen einiger Hundeschulen, an die Sie sich wenden können. Ist keine Hundeschule in Ihrer Nähe darunter, fragen Sie Ihren Züchter, sicherlich kann auch er Ihnen geeignete Adressen nennen.

Der Tipp: So erkennen Sie eine gute Hundeschule.

- Der Ausbilder gibt freiwillig Auskunft über seine Qualifikation und Erfahrung
- Weiterbildungsseminare sind für ihn selbstverständlich, die Zeit bleibt auch bei der Hundeerziehung nicht stehen!
- Ein erstes Informationsgespräch ist kostenlos und unverbindlich
- Eine praktische Trainingsstunde kann kostenlos beobachtet werden
- Je nach Rasse und Verhalten werden unterschiedliche Kurse angeboten
- Rassespezifische Besonderheiten werden in der Schule berücksichtigt, auch schon in den Welpenspielgruppen
- Die Gruppen sind nicht größer als 6-8 Hunde mit Halter/in
- Der Unterricht ist abwechslungsreich und findet nicht nur auf der Übungswiese statt
- Problemhunde und deren Halter werden individuell in zusätzlichen Einzelstunden und mit zusätzlichem theoretischen Unterricht trainiert
- Einzelunterricht wird angeboten
- Starkzwangmittel (Stachelhalsband, Reizstromgeräte, etc.) werden nicht generell, vorschnell oder leichtfertig eingesetzt.
- Der Einsatz von bestimmten Erziehungsmitteln wird bei Unbehagen des Hundehalters nicht erzwungen
- Die Vermittlung theoretischer Grundlagen für den Hundehalter ist selbstverständlich

Züchten der Deutschen Dogge

Vor der Zucht

Wenn Sie Ihre Dogge kaufen, werden Sie wahrscheinlich noch nicht an Zucht denken und das ist zunächst einmal auch gut so. Im Vordergrund sollte das Tier als neues Familienmitglied gesehen werden, das auch dann noch gewünscht und geliebt wird, wenn z. B. zuchtausschließende Faktoren vorliegen oder sich ergeben sollten. Sollten Sie Ihren Hund für die Zucht erwerben und gleich wieder abgeben wollen, falls er die Vorraussetzungen für eine Zuchtzulassung nicht erfüllt, kann man davon ausgehen, dass das richtige Verhältnis zur Kreatur nicht besteht und überdies die zuchtbegleitenden Faktoren völlig falsch eingeschätzt werden.

Vor der Zucht gilt es in jedem Falle die Regeln des VDH und des Rassezuchtvereines zu befolgen. Machen Sie sich unbedingt klar, dass zur Zucht viel Zeit, Geld und Fachkenntnis erforderlich sind und denken Sie auch daran, dass es durchaus zu Würfen mit 15 Welpen kommen kann!

Aber auch wenn Sie ein wirklich verantwortungsbewusster und hingebungsvoller Doggen-Besitzer sind, kann es sein, dass Sie einmal über eine Zucht nachdenken. Oft geschieht dies erst, wenn Ihr Tier schon etwas älter ist. Nachbarn und Freunde loben den tollen Hund und schlagen die Zucht vor und wenn dann noch ein Tierarzt meint, eine Hündin solle in ihrem Leben auf jeden Fall einmal einen Wurf bekommen haben, kann sich schon die Entscheidung zur Zucht einstellen. Inzwischen ist allerdings wissenschaftlich erwiesen, dass Hündinnen, die einen Wurf aufgezogen haben, nicht weniger oft an Gesäuge- oder Gebärmutterkrebs erkranken, wie solche, die keine Welpen hatten. Sie sollten sich also nicht einreden lassen zu züchten, wenn nicht absolut sachliche Erwägungen hierfür im Vordergrund stehen. Auch ist es bei verantwortungsbewusster Zucht praktisch unmöglich, damit Geld zu verdienen. Die Hundezucht ist immer mit erheblichen finanziellen Aufwendungen verbunden, selbst, wenn es zu keinerlei Problemen bei der Aufzucht der Welpen kommt. Übrigens verbieten die Satzungen seriöser Zuchtverbände sogar eine gewerblich ausgerichtete Zucht und schützen so die Hunde. Natürlich kann es aber sein, dass Ihre Liebe zur Dogge so groß, Ihre finanziellen, zeitlichen und räumlichen Möglichkeiten ausreichend und Ihr Wille zur Zucht so ausgeprägt sind, dass Sie ernsthaft erwägen, sich dieser Aufgabe hinzugeben. Für diesen Fall und natürlich auch zur allgemeinen Information wollen wir daher auf den folgenden Seiten weiter auf das Thema Zucht der Deutschen Dogge eingehen.

Zuchtzulassung

Die Bestimmungen der Rassezuchtvereine schreiben zahlreiche Voraussetzungen für die Zuchtzulassung eines Hundes vor.

Verantwortung

Wer züchtet, macht dies nicht wegen des angenehmen Erlebnisses der Welpenaufzucht oder etwa zur Hundevermehrung. Ziel ist vielmehr, rassetypische Eigenschaften zu erhalten. Deshalb eignen sich zur Zucht keine Tiere, die gerade eben noch die Zuchtzulassungsvoraussetzungen erfüllen und

womöglich auch noch kleine Fehler haben. Der verantwortungsvolle Züchter wird jeden seiner Hunde kritisch und objektiv prüfen und erst dann entscheiden, ob dieser wirklich in der Lage ist, die positiven Anlagen der Rasse weiterzugeben und zu erhalten. Der verantwortungsvolle Züchter informiert sich tiefgehend über die Vorfahren und deren genetische Anlagen seines Zuchthundes. Genauso sorgfältig fällt die Wahl des Zuchtpartners aus. Kriterien wie Sympathie oder kurze Wege dürfen in keinem Fall entscheidende Faktoren sein. Es ist schon wichtig, ein Mindestmaß an Wissen über Genetik und Vererbung bestimmter Zuchtlinien in die Zucht einzubringen. Selbst wenn man nur ein einziges Mal züchten möchte, hat man eine enorme Verantwortung und hohe Kosten für die eigene Hündin und die Welpen, aber auch für die späteren Käufer der jungen Hunde. Verkauft man einen kranken oder nicht wesensfesten Hund, ist man u. U. verantwortlich für eine unglückliche Besitzerfamilie. Als Züchter ist man überdies stets und gerne kompetenter Ansprechpartner für die späteren Besitzer. Dies betrifft Fragen zur Hundehaltung allgemein, aber natürlich auch zur Erziehung, Ernährung und rassetypisches Verhalten. Und auch nach der Abgabe der Welpen sollte man noch für Jahre bereit sein, den neuen Besitzern mit Rat und Tat zur Seite zu stehen. Hunde züchten ist nicht immer nur reines Vergnügen. Stundenlange

Beratungsgespräche am Telefon sind da noch die kleineren Opfer. Auch Kritik am eigenen Wurf muss man sich gelegentlich gefallen lassen – nicht immer ist jeder neue Besitzer zufrieden und auch bei größter Sorgfalt kann man auf einen Käufer treffen, der sich letztendlich als ungeeignet erweist und die Anlagen des Hundes verdirbt.
Wenn Sie jetzt noch absolut sicher sind, eine dem Rassestandard nahekommende Hündin Ihr Eigen zu nennen und Sie überdies alle vereinsinternen Voraussetzungen erfüllen, können Sie über die Zucht nachdenken. Beachten Sie aber bitte, dass es eine Aufgabe ist, die für Monate Ihre ganze Zeit, viele Nerven, einiges an Geld und absolute Aufopferung erfordert. Ganz wichtig: Auch Ihre Familie muss mitspielen. Wenn Sie erst einmal mit der Aufzucht Ihrer Welpen beschäftigt sind, bleibt kaum noch Zeit für Haushalt und Küche. Ständig sind andere Leute im Haus, die den Wurf ansehen und lange Gespräche führen möchten, womöglich haben Sie kaum Zeit, in gewohnter Weise 3-Gänge-Menues zu bereiten und vielleicht ist auch mal kein frisch gebügeltes Hemd im Schrank. All dies zieht an den Nerven aller Familienmitglieder und kann durchaus den Familienfrieden auf eine Probe stellen.

Planung

Die Überschrift lässt schon erkennen – die Zucht kann und darf kein Zufallsprodukt sein. Schon bevor die Hündin läufig wird, sollten Sie nach einem wirklich geeigneten Deckrüden suchen. Es ist wichtig, möglichst umfassende Informationen über den in Frage kommenden Rüden, seine Abstammung und Geschwister zu sammeln. Betrachten Sie die Tiere auf verschiedenen Ausstellungen oder Prüfungen und sprechen Sie mit Zuchtwart und anderen Züchtern Ihres Zuchtvereins. Natürlich kosten alle diese Bemühungen Zeit und auch Geld. Haben Sie dann endlich einen geeigneten Rüden gefunden, setzen Sie sich mit dem Besitzer in Verbindung. Natürlich möchte er alle Unterlagen Ihrer Hündin haben und auch über eine übliche Decktaxe muss man noch sprechen. Es kann selbstverständlich passieren, dass Sie eine Absage erhalten, weil der Rüdenbesitzer Ihre Hündin für nicht geeignet hält – sehen Sie hier keinen persönlichen Angriff, sondern akzeptieren Sie die Entscheidung eines offenbar verantwortungsbewussten Züchters. Sind Sie aber letztendlich einig geworden, informieren Sie den Rüdenbesitzer über das Einsetzen der Läufigkeit Ihrer Hündin. Zur Sicherheit beider Tiere sollten

Sie vom Tierarzt einen Scheidenabstrich machen lassen, der belegt, dass die Hündin frei von Bakterien ist, die dem Rüden gefährlich werden oder sogar eine Befruchtung unmöglich machen könnten. Auch der Rüde sollte zeitgleich tierärztlich untersucht werden.

Decken

Ist Ihre Hündin 5 Tage lang läufig, lassen Sie ihr etwa alle zwei Tage beim Tierarzt Blut abnehmen. Anhand eines sog. Progesterontests kann dieser dann bestimmen, wann der optimale Deckzeitpunkt gekommen ist. In dieser Zeit sollten Sie stets reisebereit sein, denn der Progesterongehalt des Blutes steigt nicht linear an. Auch nimmt Ihre Hündin keine Rücksicht auf Ihre Freizeit oder das Wochenende. Hündinnen sind schon am 6. aber auch am 21. Tag der Läufigkeit gedeckt worden. Aber auch wenn der Tierarzt den Zeitpunkt für ideal hält, müssen die Hunde das nicht genauso sehen. Es ist schon vorgekommen, dass Züchter Ihre Hündin eine ganze Woche lang dem Rüden vorgestellt haben, ohne das dieser auch nur das geringste Interesse zeigte. Nervenstärke ist hier also eine weitere Voraussetzung für einen guten Züchter. Bitte planen Sie also durchaus einige Übernachtungen ein, falls Sie gleich mehrere hundert Kilometer zum Deckrüden fahren müssen. Beim Rüden eingetroffen, gilt es weiterhin Ruhe zu bewahren. Die Partner wollen sich erst kennen lernen und so manche Hündin mag es, erst stundenlang umworben zu werden. Erfolgt dann der Deckakt und ist der Penis des Rüden in die Scheide der Hündin eingedrungen, beginnen die Schwellkissen der Vulva und die Schwellkörper des Penis sich mit Blut zu füllen. Es kommt zum sog. „Hängen", das einige Zeit dauern kann. In dieser Phase kann man die Hunde nicht mehr trennen, ohne sie zu verletzen. Es ist sicher nicht falsch, Ihre Hündin festzuhalten und beruhigend auf sie einzuwirken, damit sie nicht seitlich wegspringt und so den Rüden verletzt. Gerade bei unerfahrenen Hündinnen kann diese Unterstützung Probleme verhindern. Während des „Hängens" ejakuliert der Rüde und die Hunde trennen sich nach bis zu 40 Minuten, mitunter auch später, wieder. Um sicher zu gehen, die befruchtungsfähige Zeit der Hündin auch wirklich abgedeckt zu haben, wird man den Deckakt nach ein bis zwei Tagen wiederholen lassen. Die in die Eileiter absteigenden Eizellen werden dann vom vorhandenen Sperma befruchtet. Bitte achten Sie darauf, dass nach einer Belegung Ihre Hündin nicht noch einem weiteren Rüden „zu nahe kommt". Nicht alle Eizellen springen am gleichen Tag, sodass es durchaus möglich ist, dass Ihre Hündin Welpen verschiedener Väter zur Welt bringt, wenn Sie erneut gedeckt wird.

Trächtigkeit

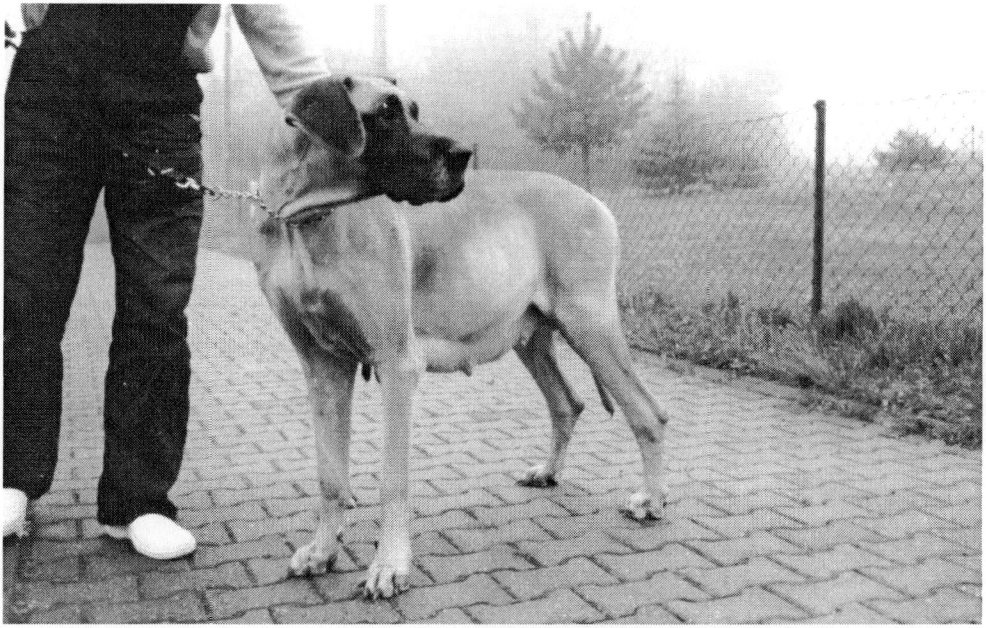

In den nächsten Tagen steigen die Eizellen zur Gebärmutter ab, wo die Einnistung erst etliche Tage nach der Befruchtung erfolgt. Die Läufigkeit der Hündin geht nach dem Deckakt im Normalfall weiter und aus einem plötzlich ausbleibenden Scheidenausfluss kann man nicht wirklich auf eine erfolgreiche Befruchtung schließen. Auch ein möglicherweise auftretendes anderes Verhalten Ihrer Hündin kann nicht definitiv als Zeichen einer erfolgreichen Befruchtung gewertet werden. Mit einem Ultraschallgerät ist es Ihrem Tierarzt aber etwa 28 bis 30 Tage nach dem Deckakt möglich, dessen Erfolg festzustellen. Es kann durchaus sein, dass Ihre Hündin „leer geblieben" ist – die Gründe hierfür sind vielfältig. War der Deckakt aber erfolgreich, können Sie nach gut fünf Wochen (manchmal erst später) feststellen, dass Ihre Hündin an Leibesfülle zunimmt. Wenn Sie Ihr die Hand auf den Bauch legen, können Sie etwa ab der 8. Trächtigkeitswoche die Bewegungen der Föten spüren. Die endgültige Zahl der Welpen werden Sie allerdings erst nach dem Wurf wissen – weder Abtasten noch Ultraschall liefern hier sichere Ergebnisse.

Geburt

Eines sei vorangestellt. Haben Sie bisher keine Erfahrung, bitten Sie einen routinierten Züchter, Sie bei der Geburt der Welpen zu unterstützen. Ihre eigene Nervosität wird der Hündin sicher nicht nützen. Die Geburt erfolgt i. d. R. ca. 63 bis 65 Tage nach der Belegung – natürlich kann es aber auch zu Abweichungen kommen. Gerade bei großen Würfen kann die Geburt durchaus bereits am 59. Tag erfolgen.

Im Normalfall wird die Hündin am Tag vor dem Wurf nichts mehr fressen. Sie wird zusehendst unruhig, scharrt Löcher im Garten und will ständig ausgeführt werden. Ist sie dann draußen, will sie gleich wieder ins Haus – die Nerven des Züchters werden also durchaus beansprucht. Ihre Hündin braucht jetzt Ihre ganze Unterstützung und natürlich dürfen Sie sie jetzt nicht mehr allein lassen. Einige Stunden vor der Geburt beginnt Ihre werdende Hundemama zu hächeln. Diese unterschiedlich lange Phase kann schon sehr nervenaufreibend sein und womöglich verliert sie auch schon etwas Fruchtwasser. Ist diese Flüssigkeit

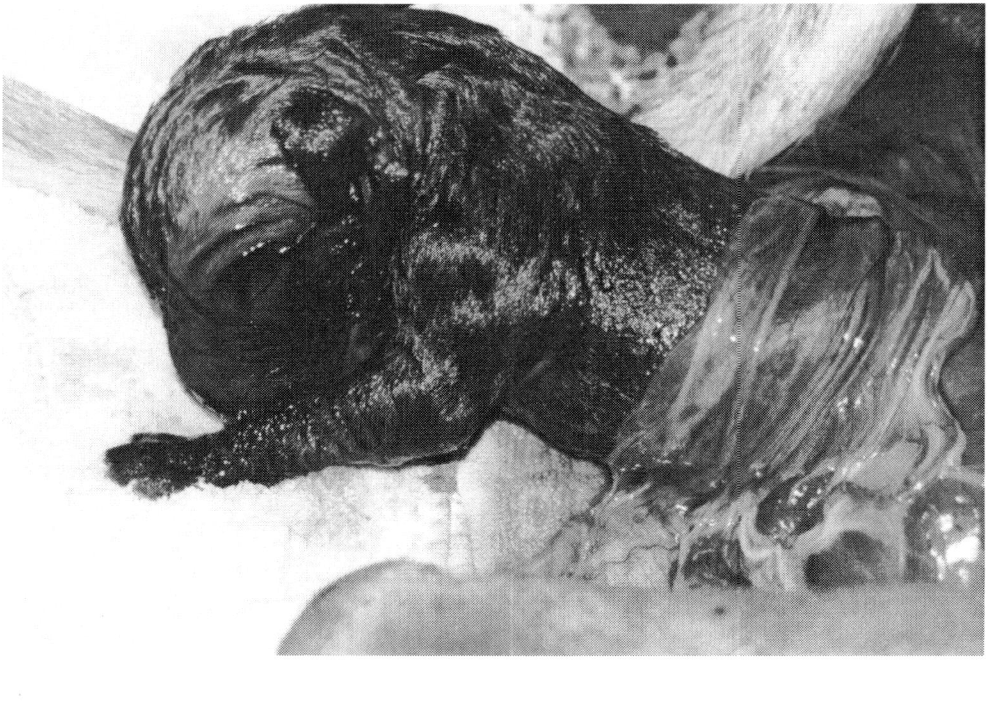

klar, ist das ganz normal und kein Grund zur Sorge. Tritt jedoch eine grüne Flüssigkeit aus, sollte die Geburt bald einsetzen – ansonsten ist unbedingt der Tierarzt zu rufen. Stöhnende Geräusche Ihrer Hündin weisen darauf hin, dass sie beginnt zu pressen; dabei zieht sich ihr Bauch gut sichtbar zusammen. Bis der erste Welpe zur Welt kommt, kann es durchaus mehrere Presswehen erforderlich machen. Die Geburt kann sich durchaus über mehrere Stunden hinziehen und die Abstände zwischen den einzelnen Welpen sind auch nicht unbedingt gleichmäßig. Manche Hündinnen, vor allem wenn sie unerfahren sind, schreien regelrecht bei der Geburt. Beruhigen Sie das irritierte Tier jetzt. Leider kann es bei der Geburt zu zahlreichen Komplikationen kommen und jede Geburt ist ein Risiko für Welpen und Hündin. Es kann durchaus notwendig werden, einen Kaiserschnitt durchzuführen (natürlich vom Tierarzt!) und manchmal verliert man leider seine Hündin. Auch die Geburt toter Welpen ist keine Seltenheit.

Aufzucht der Welpen

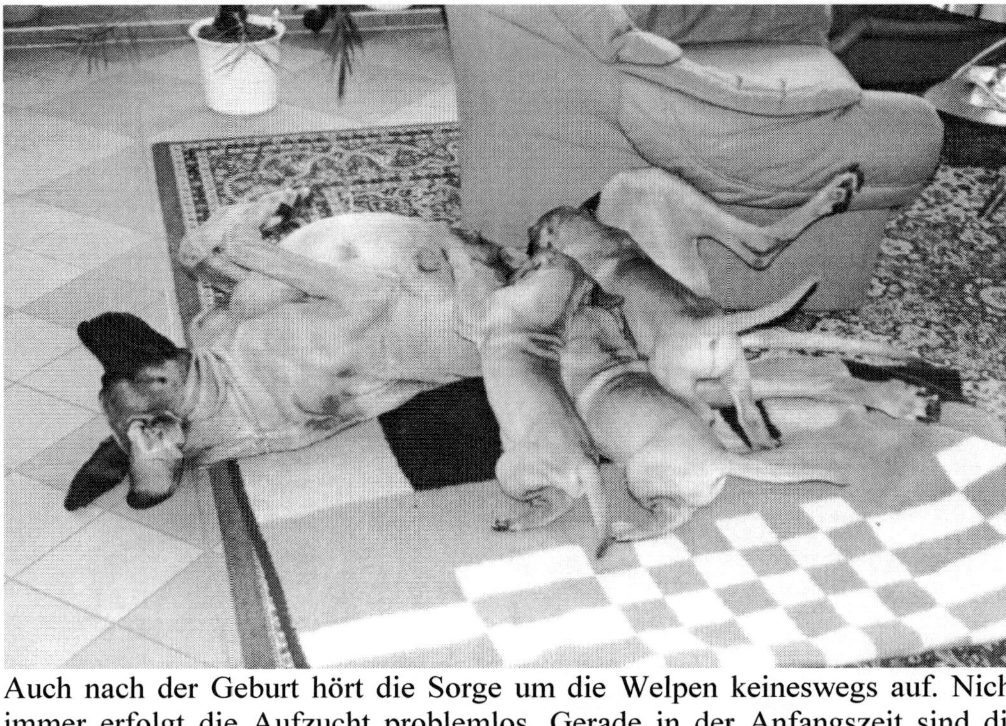

Auch nach der Geburt hört die Sorge um die Welpen keineswegs auf. Nicht immer erfolgt die Aufzucht problemlos. Gerade in der Anfangszeit sind die

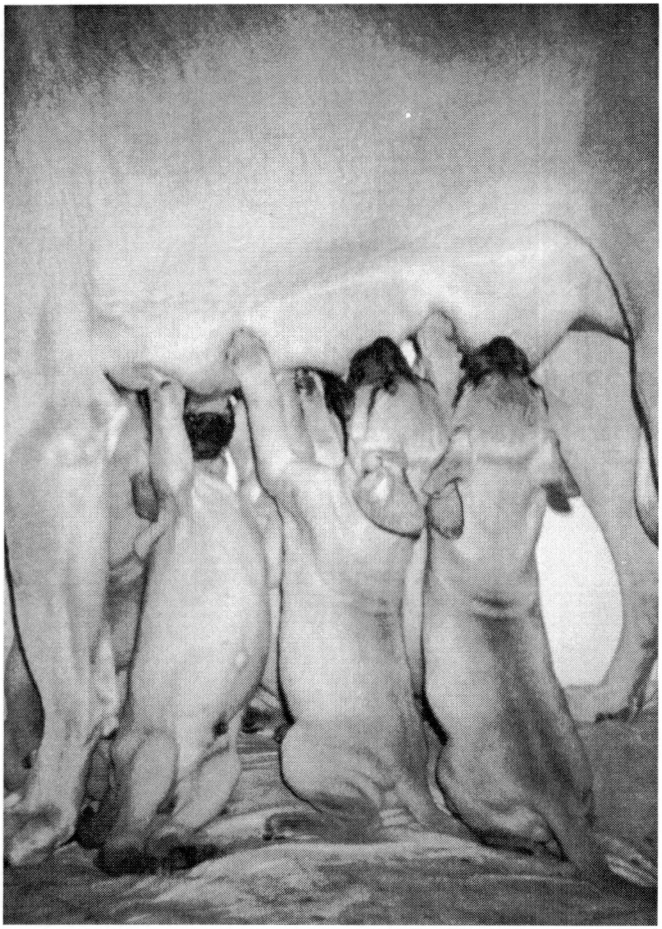

Welpen sehr anfällig für Infektionskrankheiten und auch die Gewichtszunahme erfolgt nicht unbedingt regelmäßig. Parasiten, wie z. B. Würmer, können die Gesundheit der Kleinen zusätzlich beeinträchtigen. Leider ist auch nicht jede Hündin eine gute Mutter. Eigentlich gehört es zu ihren Pflichten, die Welpen regelmäßig etwa alle 2 Stunden zu putzen. Hierbei massiert sie den Bauch der Kleinen, was wiederum einen Reflex zum Absetzen von Kot und Urin auslöst. Macht die Hundemutter dies nicht oder nicht regelmäßig, muss der Züchter einspringen. Bei zweistündigen Abständen wird das schnell zum Fulltime-Job. Auch kann es vorkommen, dass Ihre Hündin nicht genügend Milch hat, dann müssen Sie die Fütterung mit Welpenmilch aus dem Fachhandel übernehmen – übrigens ebenfalls etwa alle zwei Stunden – auch nachts! Bei entsprechender Fürsorge sind die Überlebenschancen der Welpen auch ohne ihre Mutter durchaus gut. Kommt Ihre Hündin aber ihren Mutterpflichten nach, beschränkt sich die Arbeit des Züchters zunächst auf das Säubern des Wurflagers und die ausreichende Ernährung der Mutterhündin. Außerdem muss die Gewichtszunahme der Welpen kontrolliert werden. Je nach Zustand der Mutter und Anzahl der Welpen beginnt man dann früher oder später mit der Zufütterung. Spätestens ab der vierten Lebenswoche haben Sie somit alle Hände voll zu tun. Gleichzeitig beginnen die Welpen immer lebhafter zu werden und ihre Umgebung zu erkunden; sie beginnen zu laufen und es gilt fortan, sie altersgemäß zu prägen. Es ist nun nicht mehr damit getan, sie zu füttern, zu wiegen und zu entwurmen, ihnen die Krallen zu schneiden und ihren Auslauf sauber zu halten. Vielmehr gilt es nun, sie mit unterschiedlichen Geräuschen, optischen Signalen und verschiedenen Menschen in Kontakt zu bringen. Sie sollen lernen, sich in ihrer Umgebung zurecht zu finden, Bodenbeläge und Möbel kennen zu lernen. Schließlich sollte man sie schon jetzt langsam an das Autofahren gewöhnen. Später unternimmt man dann die ersten kleinen Ausflüge in die Natur. Kurz und gut: Sie als Züchter sind nun ein wichtiger Sozialpartner für die jungen Welpen.

Gleichzeitig mehrt sich die Zahl der Besuche von interessierten Welpenkäufern. Man kann davon ausgehen, das jeder Welpeninteressent Sie etwa einmal pro Woche besucht und so ein Besuch dauert mit allen zu beantwortenden Fragen sicher 2 Stunden. Bei sieben Welpen haben Sie also schon jeden Tag Besucher im Haus – vorausgesetzt, Sie haben bereits jetzt für jeden Welpen einen festen Käufer gefunden. Müssen Sie noch nach geeigneten Käufern suchen, vermehrt sich die Besuchszahl erheblich – gehen Sie ruhig davon aus, dass sie bestenfalls unter fünf Bewerbern einen finden werden, den Sie für geeignet halten. Sie werden rasch feststellen, dass Ihre „Babies“ Ihnen schnell ans Herz wachsen – umso kritischer werden Sie in Bezug auf die Welpeninteressenten. Nichts ist für einen Züchter schwieriger als die Abgabe seiner Welpen. Dabei ist es nicht leicht, den richtigen „Abnehmer“ zu jedem Ihrer jungen Hunde zu finden. Lassen Sie dem Interessenten nicht die freie Wahl. Mit viel Menschenkenntnis werden Sie die Personen einschätzen lernen und mit dem Wissen über die Eigenheiten und Charaktere jeder Ihrer Welpen können nur Sie entscheiden, welches Tier zu welchem Interessenten passt.

Abgabe und danach

Auch und gerade nach der Abgabe Ihrer Welpen hört die Verantwortung und Ihre Inanspruchnahme keineswegs auf. Jeder neue Hundebesitzer wird Sie immer wieder kontakten und oftmals wiederholen sich die gestellten Fragen immer wieder – Sie sind Ansprechpartner Nr. 1 für die Welpenkäufer und dies noch für eine ganze Zeit. Genau genommen ist das auch gut so, denn mit Ihrem Wissen und Ihrer Erfahrung können Sie so manches Problemchen aus der Welt

schaffen und sicher möchten Sie ja auch selbst wissen, wie es Ihren Welpen weiterhin ergeht. Man kann schon sagen, dass es besser ist, zu viel zu hören als nichts. Wenn sich ein Welpenkäufer überhaupt nicht bei Ihnen meldet, ist das schon sehr verwunderlich.
In einigen Fällen werden die Gespräche nach der Welpenabgabe alles andere als angenehm verlaufen. So mancher neue Hundebesitzer wird sich mit den Begleitumständen des Hundekaufs im Vorfeld nicht richtig vertraut gemacht haben. Beschwerden über angenagte Möbel und nicht stubenreine Welpen gehören da zum normalen Problembereich. Hier werden Sie auch schon einmal darauf hinweisen müssen, dass sich ggf. nicht der Hund, sondern sein Mensch falsch verhält.

Das Thema Zucht wurde hier bewusst kritisch dargestellt und in keiner Weise beschönigt – es geht dem Autor nicht darum, etwas zu negieren – vielmehr soll auf all die Begleitumstände hingewiesen werden, die eine Welpenaufzucht mit sich bringt. Ein angehender Züchter sollte sich klar machen, dass auch Welpenkäufer ganz normale Menschen sind und z. B. die gleiche Scheidungsrate haben, wie andere Bürger. Als Züchter sollte man also bereit und in der Lage sein, auch einmal einen Hund zurück zu nehmen, wenn es denn sein muß! Natürlich ist es hier nicht möglich, das Thema Hundezucht eingehend zu behandeln – das würde den Rahmen dieses Buches deutlich sprengen. Sollten Sie sich aber immer noch für die Zucht der Deutschen Dogge begeistern, wenden Sie sich an den Zuchtverein in Ihrer Nähe.

Anhang

Adressen

Vereine

Verband für das Deutsche Hundewesen Westfalendamm 174 44141 Dortmund Tel. 0231-596096 Fax 0231-592440	
Deutscher Doggen Club 1888 e. V. Siegfried Goldschmitt Ringstraße 2 D-48480 Lünne Tel. 05906 12 30	**Kynologische Gesellschaft für Deutsche Doggen e. V.** Gerd Bachmann Hagen 12 a D-41366 Schwalmtal Tel. 02163 47112
Österreich:	**Schweiz:**
Österreichischer Kynologenverband Johann Teufel-Gasse 8 A-1230 Wien Tel. 0043-(0)1-888 7092 Fax 0043-(0)1-888 2621	**Société Cynologique Suisse** Langgassstraße 8 CH-3001 Berne Tel. 0041-31-306 62 62 Fax 0041-31-306 62 60

Züchter -Anzeigen-

Vom Allertal,Gudrun und Adalbert Böhmermann,Thünenweg 21,28832 Achim,Tel. und Fax: 04207-4829, eMail: boehmermann@deutsche-doggen-vom-allertal.de, www.deutsche-doggen-vom-allertal.de
Von der Bärenschlucht,Beate Pfaffenberger,Brandenburgerstraße 16,27367 Adelsdorf,Tel. 09195-6253, Fax: 09195-928390, eMail: gb.pfaffenberger@t-online.de
Von Feldheim,Daniel Brasa,Poststraße 1,39393 Ausleben OT Ottleben,Tel. und Fax: 039404-50069, Tel. 03949-82459, eMail: doggen-von-feldheim@t-online.de

Vom Panoramaweg,Hans, Gudrun und Alexander Vogel,Henneberger Ecke 7,36433 Bad Salzungen,Tel. und Fax: 03695-873938, eMail: gudrun.vogel@rtlworld.de, http://people.freenet.de/vogeldoggen/
Vom Schloß Bevern,Adolf-Christian Oppermann,Breslauer Straße 11,37639 Bevern,Tel. und Fax: 05531-8823
Vom Polarstern,Christine und Karl-Gerhard Lahm,Rheinstraße 49,64584 Biebesheim,Tel. 06258-992723, Fax: 06258-992724, eMail: christinelahm@aol.com
Vom Giardino Tedesco,Andrea Brandt-Weber,Heideweg 9,26904 Börger,Tel. und Fax: 05953-8987, eMail: giardinotedesco1@aol.com
Von der Rotburg,Reinhard Schröder,Nr. 1,27367 Bötersen OT Höperhöfen,Tel. und Fax: 04268-124, eMail: kvo@bellco.de, www.bellco.de/rotburg
Vom Odenwald,Bertin Ditter,Oberdörfer Straße 58,64753 Brombachtal,Tel. 06063-3360, Fax: 06063-577391, eMail: odenwalddoggen@aol.com, www.odenwalddoggen.de
Von Claffintin,Gisela und Jürgen Haase,Klb. Hauptstraße 167,09123 Chemnitz,Tel. 0371-2605154, Fax: 0371-267290
Vom Solling,Kai und Samira Schwerdtfeger,Sollingtor 59-61,37586 Dassel-Sievershausen,Tel. 05564-363, Fax: 05564-8925, eMail: vom.solling@t-online.de, www.solling-doggen.de
Von der Kupferhütte,Ingeborg Brack-Joos,Obernheideweg 36,33129 Delbrück,Tel. 02944-7898, Fax: 02944-58115
Vom Delitzer Berg,Pedro Wopperer,Zum Hirtenberg 2,06246 Delitz am Berg,Tel. 0345-6131246
Von der Rauhen Alb,Ilse Hecht,Radelstetter Straße 5,89160 Dornstadt-Scharenstetten,Tel. 07336-6645
Vom Eisenberger Mohren,Dr. Dieter und Regina Linke,Gartenweg 13,07607 Eisenberg,Tel. 036691-43573, Fax: 036691-45415
El Sortilegio,Claudia Cruz,Linienstraße 44a,26556 Eversmeer,Tel. und Fax: 04975-7144, eMail: c.cruz@web.de, www.el-sortilegio-doggen.de.vu
Aus der Villa Kunterbunt,Christina Klapp,Hochackerstraße 7,34587 Felsberg 1,Tel. 0171-9366562, eMail: villa-kunterbunt@arcor.de
Vom Finowtal,Siegfried und Gudrun Masuch,Marienwerderstraße 42,16244 Finowfurt,Tel. 03335-325252, Fax: 03335-325254, eMail: deutsche.doggen.vom.finowtal@t-online.de
Vom Alten See,Knut Zacher,Langenberger Straße 5,01612 Glaubitz,Tel. 035265-54856, Fax: 035265-54857, Handy: 0177 5485601
Colossal,Ina und Josef Greiner,Am Berg 8,04741 Gleisberg,Tel. 034322-40610, Fax: 034322-40612, eMail: greiner-colossal@t-online.de
Von der Fränkischen Schweiz,Jutta Bauernschmitt,Wichsenstein 135,91327 Gößweinstein,Tel. 09197-8506, Fax: 09242-98777, eMail: doggenfan@aol.com, www.doggenfan.de
Vom Stillen Winkel,Steffen Wichmann,Am Nordrand 44,01609 Gröditz,Tel. und Fax: 035263-30940
Von Dorndiel,Violette Roßkopf,Hirschbergstraße 3,64823 Groß-Umstadt OT Dorndiel,Tel. 06078-912606, Fax: 06078-930453, eMail: evrosskopf@aol.com, www.dorndieldoggen.de
Von den Raubrittern,Heike Krammig,Seligenstädter Str. 67,63456 Hanau,Tel. 06181-662551, Fax: 06181-662724, eMail: heike.krammig@gmx.de, www.doggen-zucht.de

Vom Helmhof,Maya Hüttner,Wimpfener Straße 10,74924 Helmhof,Tel. und Fax: 07263-64585
Von der Bocksleite,Karin Gewinner,Markgrafenstraße 5,95502 Himmelkron,Tel. 09227-5648, Fax: 09227-4766, eMail: gewinnerdoggen@aol.com, www.gewinnerdoggen.de
Von Wotans Meute,Elke und Lothar Rechtacek,Wiesenmühle 1,99755 Hohenstein OT Holbach,Tel. und Fax: 036337-40825, eMail: lothar@rechtacek.de, www.lotharrechtacek.de
Von der Heide,Oliver und Silke Hasler,Gendringer Straße 107,46419 Isselburg-Anholt,Tel. 02874-902466, Fax: 02874-902467, eMail: hasler.bocholt@t-online.de
Von der Horst,Petra und Dieter Oepping,In der Horst 68,32278 Kirchlengern,Tel. 05223-761715, Fax: 05223-761716, eMail: oepping-dieter@t-online.de, www.home.t-online.de/home/oepping-dieter
Vom Hohen Hain,Peter Gläser,Kleines Dörfchen 1,09212 Limbach-Obertrohna,Tel. und Fax: 03722-948993
Vom Koniferenhain,Petra Krause,Ausbau 2,16306 Luchow,Tel. 033331-66641
Vom Prinzipat,Horst und Manuela Neumann,Brockweg 98,48161 Münster,Tel. 02534-2158, eMail: manhos@t-online.de
Vom Aischgrund,Roland Schuster,Mühlgründlein 31,91413 Neustadt a. d. Aisch,Tel. und Fax: 09161-9686, eMail: ddvomaischgrund@aol.com, www.doggen-vom-aischgrund.de
Vom Moorgarten,Anja Reif,Fergengasse 2,56566 Neuwied,Tel. 02631-944998, Fax: 02631-944999, eMail: moorgarten@aol.com
Vom Schäferhof,Birgit Siebert,Osterholzstraße 18,34266 Niestetal,Tel. 0561-522278, Fax: 0561-49082179
Von der Meyenburg,Erich und Gabriele Helbing,Industrieweg 05,99734 Nordhausen/Thüringen,Tel. und Fax: 03631-601145, eMail: gabrieledd1995@aol.com
Von Iron Creek,Bernd Fischer,Bachstraße 16,63785 Obernburg,Tel. 06022-9001, Fax: 06022-9003, eMail: fischer@ironcreek.de, www.ironcreek.de
Von der Nibelungenburg,Barbara Flick,Elbestraße 9,67574 Osthofen,Tel. und Fax: 06242-60480
Von den Glorreichen Blauen,Katharina Seibold,Hirschstraße 15,89284 Pfaffenhofen,Tel. 07302-5906, eMail: info@glorreiche-blaue.de, www.glorreiche-blaue.de
Von der Kieselbachquelle,Bernd und Angela Böhm,Grund 30,98739 Piesau,Tel. 036701-60963
Vom Siebengebirge,Elvira Gruber,Im Sand 18,53619 Rheinbreitbach,Tel. und Fax: 02224-900116
Von der Ofnethöhle,Albert Schleicher,Zeppelinstraße 10,73469 Riesbürg,Tel. 09081-22565, Fax: 09081-604489, eMail: mail@schleicher-doggen.de, www.schleicher-doggen.de
Vom Rursee,Helmut und Rosi Spickers,Wiesenstraße 10a,52152 Rurberg,Tel. und Fax: 02473-4645, eMail: rosi.spickers@debitel.net, www.rurseedoggen.de
Vom Wasigenstein,Maren und Harald Ganster,Maimontstraße 8,66996 Schönau-Gebüg,Tel. 06393-993270, Fax: 06393-993271, eMail: wasigenstein@aol.com
Von den Schönfelder Höhen,Peter Kobow und Katharina Kolbasow,Ausbau 4a,19348 Schönfeld,Tel. 03876-788861, Fax: 03876-301823, eMail: peter-kobow@onlinehome.de, www.deutschedoggenvondenschoenfelderhoehen.de

Von der Mainschleife,Inge und Otto Eckert,Stephansberger Weg 1,97359 Schwarzach,Tel. und Fax: 09324-1714, Handy: 0172 1967572
Vom Mühlenhof,Brigitte Oestreich,Dorfstraße 2b,27367 Sichau OT Siems,Tel. und Fax: 039082-93136, eMail: muehlenhof@web.de, www.doggen-vom-muehlenhof.de
Vom Hause Rawert,Marion Rawert,Erdbergstraße 2,48480 Spelle,Tel. 05977-8677, Fax: 05977-929784, eMail:hauserawert@gmx.de, www.rawert-doggen.de
Vom Molkerhof, Jürgen und Hildegard Kupsch,Chausseestraße 02,16556 Borgsdorf,Tel. 03303-404747, eMail: molkerhof@hotmail.com, www.deutsche-dogge-vom-molkerhof.de
Vom Diplomat,Anita Ferber,Hauptstraße 8,59427 Unna,Tel. 02308-120833, Fax: 02308-120134
Vom Nospheratus,Uta Rudloff,Bischof 10,29496 Waddeweitz,Tel. 05849-971069, Fax: 05849-971136, eMail: uta@deutschedogge-nospheratus.de, www.deutschedogge-nospheratus.de
Von Öttingen-Sötern,Edith Schmitt,Kantstraße 10,66687 Wadern,Tel. und Fax: 06871-4517, eMail: oettingensoetern@aol.com
Vom Fleischereck,Barbara Retzlaff,Am Stadtrand 13,17192 Waren,Tel. 0171-4742801 und 0170-1630747
Von der Müritzperle,Uwe und Martina Matthäus,Papenbergstraße 38a,17192 Waren/Müritz,Tel. 0162-8819207
Von der Alten Liebe,Walter Brosinsky,Krähbergweg 5,89198 Westerstetten,Tel. 07348-5197, Fax: 07348-948298, eMail: walter.brosinsky@t-online.de, www.ulmer-doggen.de
Cindy`s,Angelika Rips,Walowerstraße 15,17209 Woldzegarten-Röbel,Tel. und Fax: 0399 222454

Die aufgezählten Züchter haben sich alle als Mitglieder anerkannter Rassezuchtvereine bei uns eingetragen. Wiedergegeben ist der Stand bei Redaktionsschluss. Bitte informieren Sie sich im Zweifelsfall bei den entsprechenden Rassezuchtvereinen, die Ihnen auch weitere Züchteradressen mitteilen können. Auch der Verband für das Deutsche Hundewesen (VDH) stellt Ihnen sicher gerne Adressenmaterial zur Verfügung. Auch im Internet finden Sie eine stets aktuelle Züchter-Datenbank unter *www.hundeinformation.de.*

Wir können selbst keinerlei Einfluss auf die Qualität der Adressen und der dahinter stehenden Züchter ausüben. Bitte machen Sie sich selbst ein Bild und besuchen Sie ruhig mehrere Züchter, um auch vergleichen zu können.

Hundeschulen -gewerbl. Anzeigen-

Weitere Adressen geeigneter Hundeschulen bekommen Sie bei Ihrem Züchter.

Bitte beachten Sie auch unseren Hinweis über Hundeschulen und darüber, wie Sie recht gut selbst ermitteln können, ob Sie eine wirklich gute Hundeschule gefunden haben.

Hundeinformationen im Internet

Sie suchen Informationen zu weiteren Hunderassen? Surfen Sie doch mal im Web! Unter der Adresse:

www.hundeinformation.de

haben wir eine Informationsseite erstellt, auf der Sie sich schnell und kostenlos orientieren können. Für intensivere Auskünfte nennen wir Ihnen dort zu allen Rassen auch interessante Fachliteratur, die Sie bequem per Link bestellen können.

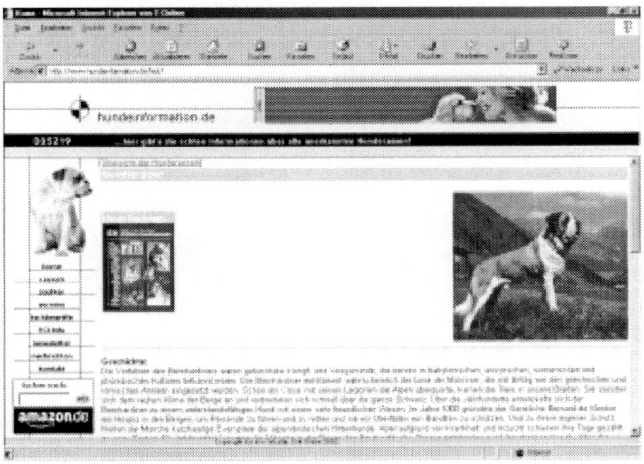

Kynologische Fachbegriffe

Aalstrich Eine dunkle, strichförmige Färbung des Rückens vom Nacken zur Rute.

Abführmittel natürliche: Euter, Lunge und rohe Leber

Ablegen Die Erziehung zum Liegen an einem bestimmten Platz oder an jeder beliebigen Stelle im Haus oder im Freien. Der Hund darf den Platz nur auf Befehl wieder verlassen.

Abrufen Hund durch Ruf, Pfiff oder Sichtzeichen zur Rückkehr zum Herrn auffordern.

Abzeichen Einzelne braune, graue, schwarze oder andersfarbige Flecken oder Platten am Kopf und am Körper weißer, auch andersfarbiger Hunde. Als Augenpunkte -> Vieräugler.

Afterklaue, Afterkralle, Afterzehe Die fünfte Zehe an der Innenseite der Hinterläufe, wird meistens - falls vorhanden - im Welpenalter entfernt um Verletzungen vorzubeugen. Bei manchen Rassen wie Briard oder Beauceron werden die Afterkrallen aber nach dem Standard verlangt. Die fünfte Zehe an den Vorderläufen ist ebenfalls verkümmert, doch immer vorhanden.

Aggression Sammelbezeichnung für alle Formen des Angriffs-, Verteidigungs- und Drohverhalten. Intraspezifische Aggression findet zwischen Tieren gleicher, interspezifische Aggression zwischen Tieren unterschiedlicher Art statt. Aggressives Verhalten kann verschiedene Ursachen haben: Beuteerwerbsaggression, Verteidigungs- und Abwehraggression gegen Konkurrenten. Die innerartliche Aggression dient in erster Linie zur Verteidigung der Individuen über ein größeres Gebiet, um vorhandene Ressourcen optimal nutzen zu können. Aggressionen dienen ausserdem der sexuellen Selektion (Fortpflanzung des Stärkeren) sowie der Bildung und Stabilisierung einer Rangordnung

Aggressivität Ausmaß der Angriffsbereitschaft eines Lebewesens. Die Anlage zu aggressivem Verhalten ist genetisch bedingt und soll der Erhaltung der Art dienen. Umwelteinflüsse und frühkindliche Erfahrungen sind für das Ausmaß der

Aggression eines Individuums mitbestimmend

Agility (engl. Beweglichkeit) Geschicklichkeitssport, bei dem der Hunde eine Reihe von Hindernissen in möglichst kurzer Zeit überwinden muss (Hürden, Tunnel, Kletterwände, Wippe etc.). Erfreut sich immer größerer Beliebtheit.

Ahnentafel Im Ausland auch Pedigree genannt ist der Abstammungsnachweis eines Rassehundes, der vom jeweiligen Zuchtbuchamt ausgestellt wird. Die Ahnentafel gibt Auskunft über Herkunft und Rassereinheit des Hundes.

Ahnenverlust Erwünschte wie unerwünschte Eigenschaften eines Elternpaares, die bei den Großkindern nicht mehr vorhanden sein können, da sie gemäß den Mendelschen vererbungsgesetzen verschwunden (=ausgemendelt) sind.

AKC American Kennel Club

Albinismus, Albino Der angeborene Farbstoffmangel bei Mensch und Tier. Haut und Haarfarbe des Albinos sind nahezu weiß, wichtiger noch als Erkennungszeichen sind die rötlichen Augen, die weißen durchscheinenden Krallen, der rosa Nasenspiegel und die rosa Lefzen.

Alpha-Tier Begriff aus der Verhaltensforschung für das ranghöchste Tier im Rudel.

Altruismus Uneigennütziges Verhalten, das hauptsächlich in drei Bereichen auftritt: gegenseitiges Warnen und Verteidigen, Hilfe bei der Aufzucht von Jungtieren und Übergabe von Nahrung an Jungtiere und Rudelmitglieder

Analdrüsen Befinden sich neben der Afteröffnung des Hundes. Sie produzieren eine stark riechende, schwarze Paste die mit dem Kot zusammen abgesetzt wird. Der Geruch dieses Analdrüsensekretes ist im gesamten Revier des Hundes vorhanden und identifiziert den Hund einem fremden Hund gegenüber als Revierinhaber.

Analgesicht Durch Absonderung der Analdrüse ergibt sich eine individuelle Duftvisitenkarte im Analbereich des Hundes.

Analkontrolle Begrüßungsritual zwischen Hunden. Durch gegenseitiges Präsentieren und ausgiebiges Beschnüffeln der Analregion wird der fremde Hund "erforscht".

Ankörung	Sorgfältige Prüfung eines Junghundes auf Zuchttauglichkeit nach dem Standard der jeweiligen Rasse. Die Körung entscheidet bei einigen Zuchtvereinen über die Zulassung zur Zucht.
Anpassung	Eine Angleichung an die Umgebung, Umwelt und Klima. Das dichte Fell der Tiere aus Polargebieten, die helle Farbe der Wüstentiere sind Anpassungserscheinungen. Das Wort Anpassung wird aber auch für das gute Verhältnis des Hundes zu seinem Herrn, seinem Heim und den Menschen genutzt.
Anthropomorphismus	Vermenschlichungstendenz: Übertragung menschlicher Eigenschaften auf Tiere. Das Verhalten von Tieren, insbesondere das höherer Säugetiere, verleitet bei engem Zusammenleben zu solchen Übertragungen. Dabei werden den Tieren Verhaltenseigenschaften zugesprochen, die höheres Bewußtsein oder sogar Einsicht voraussetzen. Diese weit verbreitete Tendenz verhindert die artgerechte Haltung von Tieren in Menschenobhuten und sorgt häufig für Mißverständnisse.
Apfelkopf	Apfelförmige Kopfform bei einigen Zwerghunderassen (zB Chihuahua).
Appetenz, bedingt	Ein Lernvorgang, der zur Verknüpfung primär voneinander unabhängigen Reizen führt. Siehe auch Appetenzverhalten.
Appetenzverhalten	Triebverhalten: Versuch, durch bestimmte Verhaltensweisen einen bedürfnisabhängigen Mangelzustand zu beseitigen. Appetenzverhalten ist zielstrebig auf das Erreichen einer Endhandlung gerichtet. Im Gegensatz zur Endhandlung selbst beeinflußt das Appetenzverhalten nicht die weitere Handlungsbereitschaft, es kann über längere Zeiträume aktiv sein.
Apportieren	Bringen eines weggelegten oder weggeworfenen Gegenstandes. Bei der Jagd das Bringen von erlegtem Wild.
Askariden	Spulwürmer des Hundes
Assoziation	In der Verhaltensforschung die Fähigkeit, Wahrnehmungen zu verknüpfen und diese Verknüpfung

	im Gedächtnis zu behalten. Auf dieser Fähigkeit, aus Erfahrungen zu lernen, beruht die Erziehung eines Hundes.
Atavismus	Rückschlag: Auftreten von Körper- oder Verhaltensmerkmalen der Ahnenform. Mischlinge können zum Beispiel körperliche oder charakterliche Eigenschaften zeigen, die bei keinem Elternteil vorhanden waren und auf eine frühere Generation zurückgehen.
aufreiten	Bespringen des Sexualpartners, unter gleichgeschlechtlichen Tieren häufig auch Frustrations- oder Dominanzgeste.
Aujeszkysche Krankheit	Auch "Pseudo-Tollwut" genannt. Sie wird durch infiziertes Schweinefleisch übertragen. Aufgrund der Infektionsgefahr wird von der Fütterung des Hundes mit rohem Schweinefleisch abgeraten. Der Krankheitsverlauf beinhaltet Lähmungen des zentralen Nervensystems, Krämpfe und Wechsel von Apathie- und Aggressionsschüben.
Ausdrucksverhalten	Verhalten mit Mitteilungsfunktion
Außenlinie	Der Umriß eines Hundes, der bei der Beurteilung auf Schönheit berücksichtigt wird. Man unterscheidet zwischen der oberen (Hals-Rücken) und der unteren (Brust-Bauch) Außenlinie.
Aversion, bedingte	erlerntes Vermeiden: Lernvorgang, der zur Vermeidungsreaktion zuvor neutraler oder angestrebter Reize führt. Die Vermeidungsreaktion kann sich, in Abhängigkeit anderer Faktoren, in Flucht oder aggressivem Verhalten zeigen.
Bastard	Nachkomme von Eltern derselben Gattung, aber verschiedener Arten. Auch Hybride genannt. Beim Hund der Mischling zwischen zwei verschiedenen Rassen. Der zoologische richtige Ausdruck ist Blendling.
Befederung	Langes Haar an Ohren, Brust, Läufen, Bauch und Rute.
Begleithunprüfung (BH)	Formelle Prüfung hauptsächlich zum Nachweis der "Unterordnung" des Hundes unter den Hundeführer. BHB-B ist Voraussetzung für Agility. BH-A (mit Prüfung der Schußfestigkeit) ist Voraussetzung für die Schutz- und Fährtenhundprüfungen.

Behang — Lang, herabhängendes Ohr wie beim Cocker Spaniel. Ausdruck aus der Waidmannssprache.

beissen, Beissangriff — Häufigstes Mißverständnis zwischen Mensch und Hund. Zumeist will der Hund mit seinem Fang den Menschen lediglich festhalten (Beutetrieb, zB wenn der Hund einen Jogger verfolgt und stellt). Dieses Verhalten wird oft als Versuch des Hundes, der Zielperson eine Verletzung zuzufügen missverstanden.

Beißhemmung — Wird von Hunden nach dem Schmerzprinzip erlernt. Ein Welpe (A) beisst einen anderen Welpen (B), was diesem (B) weh tut, und er beisst daher mit gleicher Kraft (A) zurück. Welpe (A) lernt, wenn ich Welpe (B) nicht so kräftig beisse, beisst er mich auch nicht so kräftig zurück. Die absolute Beisshemmung wird durch eine Unterwerfungsgeste ausgelöst.

Belegen — Decken einer Hündin (in Rassehundezuchtvereinen nur mit Zuchtzulassung).

Blendling — Nach zoologischer Definition die korrekte Bezeichnung für einen Nachkommen verschiedener Rassen. -> Bastard

Blesse — Breiter weißer Längsstreifen von der Stirn zur Nase.

Blue Merle — Tigerung bei Collies, Doggen und Teckeln (Tigerteckel). Auch Blauschecke genannt. Der Merlefaktor, eine Erbanlage, die diese Aufhellung der Pigmente (auch im Auge) hervorruft, kann zu Weißtigerm mit Anomalien führen.

Blutlinie — Ahnenreiheeiner Rassefamilie, die aus der Ahnentafel ersichtlich ist. Der Ausdruck beruht auf der falschen Annahme, daß das Blut der Träger der Erbanlagen sei.

Brand — Rot- bis rostbraune Abzeichen schwarzer Hunde.

Breitensport — Frühere Bezeichnung für Turnierhundesport

Bringfreude — Neigung zum Apportieren von Wild oder Gegenständen. Je nach Rasse ist die Bringfreude unterschiedlich stark ausgeprägt. Besonders bringfreudige Rassen sind Retriever und Rassen, die zur Jagd auf Niederwild eingesetzt wurden.

Bringselverweiser — Jagdhund, der das Auffinden des Wildes dadurch anzeigt, in dem er bei der Rückkehr zum Jäger das am Halsband befestigte Bringsel im Fang trägt.

buschieren	Aufstöbern des Wildes durch eine Hundemeute vor dem Schuß.
CAC	Certificat d'Apitude au Championat: Anwartschaft auf einen nationalen Titel, zum Beispiel Deutscher Champion.
CACIB	Certificat d'Apitude au Championat International de Beaute: Anwartschaft auf den internationalen Titel eines Schönheits-Champions (wird in der BRD auf Rassezuchtschauen vergeben).
CATIT	Certificat d'Apitude au Championat International de Travail: Anwartschaft auf den internationalen Arbeitstitel (für Gebrauchshunde).
canidae	Lateinischer Name für die Famili der hundeartigen Lebewesen.
Charakter	Eigenschaften und Eigentümlichkeiten, die die Individuen einer Rasse gemein haben oder die bei ihnen gehäuft vorkommen. Es sind Temperament, Lernfreudigkeit, Kampfesmut, Ausdauer, besondere Anhänglichkeit. Der Charakter bestimmt, ob eine Rasse zu einem Menschen paßt.
Chip	Ein üblicherweise am Hals unter die Haut implantierter Microchip (Transponder), übermittelt einem Lesegerät (Interrogator) einen Zahlencode, anhand dessen der Hund eindeutig identifiziert werden kann. Der Code ist weltweit einmalig und wird in einer Datenbank gespeichert.
Chromosomen	Träger der Erbanlagen; der Hund hat 39.
Coursing	Windhunde hetzen einen im Zickzackkurs gezogenen künstlichen Hasen, wobei Geschicklichkeit und Schnelligkeit bewertet werden.
Degeneration	Körperliche und seelische erbliche Verschlechterung einer Rasse, eine Folge von Inzucht oder unzweckmäßiger Kreuzung. Anhäufung von Anlagen, die nachteilig sein können. Degeneration kann sich in Anfälligkeit gegen Krankheiten, in Neurosen oder wesensmäßiger Instabilität bemerkbar machen.
Domestikation	Die Umwandlung von Wildtieren in Haustiere.

Domestikationsmerkmal	Erbliche Änderung in Verhalten oder Körperbau im Vergleich zur Stammform. Bei Hunden im Schnitt 30 Prozent verringertes Hirngewicht. Die Häufigkeit des Auftretens von bestimmten Verhaltensmerkmalen verändert sich. Hypertrophie (Zunahme) hauptsächlich im sexuellen Bereich.
Dominanz	Erbanlagen, die sichtbar vererbt und dabei andere Erbanlagen unterdrückt. So verhält sich bei Schnauzern zum Beispiel das Gen für schwarze Farbe gegenüber dem für Pfeffersalz dominant.
Drahthaar	Kurzes, hartes Stockhaar wie beim Foxterrier oder Deutsch Drahthaar.
Dysplasie	Eine Fehlentwicklung oder Fehlbildung wie zum Beispiel die der Hüftgelenkpfanne bei der Hüftgelenksdysplasie (HD).
Ektropium	Auch offenes Auge genannt. Das untere Lid hängt mehr oder minder schlaff herunter, dadurch liegt der untere Teil des Auges bloß. bei Bernhardiner, Bloodhound und Basset sind das Rassekennzeichen.
Endhandlung	Erbkoordination, di am Ende des Appetenzverhalten auftritt (zB Nahrungsaufnahme oder Sexualität). Die Endhandlung braucht Energie auf, so dass es zeitweilig nicht zum entsprechenden Appetenzverhalten kommt.
Entropium	Eingerolltes Augenlid, dabei stoßen die Wimpern gegen die Hornhaut des Auges und reizen es zum Tränen. Durch eine kleine Operation leicht zu beseitigen.
Erbkoordination	Angeborene Bewegungsformen, die von Impulsen aus Nervenzentren gelenkt werden. Zu diesen Instinktbewegungen gehört das Saugen und der Milchtritt.
Ersatzobjekt	Falsches Objekt: Verhaltensweisen werden aufgrund einer Schwellenwertänderung auf ein nicht geeignetes Objekt gerichtet (zB Deckversuch an Menschen).
Extinktion	Erlernte Verhaltensweisen verschwinden durch das Ausbleiben der entsprechenden Verstärker.
Fahne	Lange Haare an der Unterseite der Rute.
Fähe	Zoologisch korrekte Bezeichnung für weibliche Wölfe, Füchse und Dachse.

Fährte — Geruchsspur oder Schweisspur (Blutspur) des Wildes, der ein Jagdhund zu folgen vermag(zB Bluthund, Basset Hound).

Fährtenarbeit — Ausbildung des Hundes, der Fährte eines Tieres oder einer künstlich gelegten Fährte zu folgen. Fährtenarbeit ist obligatorisch für Jagdhunde aber auch Teil der Schutzhundausbildung.

Fährtenhund — Speziell auf das Folgen einer Fährte ausgebildeter Hund. Für Gebrauchshunde gibt es die Fährtenhundprüfung, für Jagdhunde stehen spezielle Jagdprüfungen zur Auswahl.

Faking — Englische Bezeichnung für die unzuläsige Verbesserung des Hundes durch Menschenhand, um Käufer und Preisrichter zu täuschen.

Fang — Die ganze Schnauzenpartie des Ober- und Unterkiefers mit Lefzen und Mundwinkeln.

FCI — Féderation Cynologique Internationaler: Internationale kynologische Vereinigung; Dachorganisation von Züchterverbänden in der ganzen Welt mit Sitz in Belgien.

Federn — Die langen und weichen Haare auf der Rückseite der Vorderläufe wie bei Settern und Spaniels.

Fersenbiß — Stechen: Ursprünglich zum Spielrepertoire des Wolfes gehörender Biß in die Ferse des Kontrahenten. Hütehunde setzen den gezielten Biß indie Ferse ein, um Herdentiere zu treiben.

Fesseln — Vordermittelfuß.

Flanken — Weichteile zwischen Rippen und Keule.

Fledermausohr — Breites Stehohr mit abgerundeter Spitze wie bei der Französischen Bulldogge.

flehmen — Tritt in der Regel nur bei Rüden auf, wenn sie den Harn einer Hündin durch Lecken aufnehmen. Die Lippenbewegungen dienen dazu die Geruchsstoffe in flüssiger Form zum Jacobsonschen Organ zu transportieren. Dieses Geruchsorgan befindet sich im oberen Bereich der Mundhöhle und hat die Aufgabe Geruchsreize zu analysieren.

Flyball — Apportierspiel bei dem der Hund einen von der Flyball Maschine geworfenen Ball über mehrer Hindernisse zu seinem Hundeführer zurücktragen muss.

Formwert — Bewertung der Hunde auf Ausstellungen mit den Prädikaten »vorzüglich«, »sehr gut«, »gut«, »genügend« und »ungenügend«. Die Bewertung wird nach dem Rassestandard vorgenommen.

Fransen — Lange Haare am Ohr wie zum Beispiel beim Spaniel.

Freifolge — Das "bei Fuß" laufen des nicht angeleinten Hundes.

Führigkeit — Die angeborene oder anerzogene Lenksamkeit des Hundes, sowohl angeleint wie freilaufend. Bekannt ist auch der Begriff Leinenführigkeit.

Gangart — Die natürliche Gangarten der Caniden sind: Schritt, Trab, gemäßigter und heftiger Galopp. Ein sich frei bewegender Hund läuft meist im Trab, auch Trollen genannt.

Gebäude — Körperbau des Hundes.

Gebiß — Das Gebiß des Hundes besteht aus 42 Zähnen und zwar jeweils 6 Schneidezähnen, 2 Fangzähnen, 8 Prämolaren (Vorderbackenzähne), 4 (oben) bzw. 6 (unten) Molaren (hintere Backenzähne). Es gibt Scheren-, Zangengebiß, Vor- und Rückbiß.

Gebrauchshunde — Hunde, dir zur Erfüllung einer Aufgabe ausgebildet sind. Hütehunde, Herdenschutzhunde, Hunde im allgemeinen Wach- und Schutzdienst, Katastrophen- Such-, Polizei-, Blindenführhunde etc. Für viele Einsatzgebiete eines Gebrauchshundes kann eine entsprechende Prüfung abgelegt werden.

Genotyp — Die ererbten Anlagen, das Erbgut eines Hundes, also das, was er von seinen Ahnen mitbringt und an seinen Nachkommen weitergeben wird.

Geschlossenes Auge — Die Lider umschließen das Auge so straff, daß das Weiße kaum und nur die dunklen Partien zu sehen sind.

Gesichtsfeld — Bereich, den ein Hund überblicken kann ohne den Kopf zu drehen. Das Gesichtsfeld des Hundes beträgt etwa 250 Grad und ist somit erheblich größer als das den Menschen (ca. 100 Grad).

Gesichtssinn — Sehvermögen des Hundes. Räumliches Sehen ist dem Hund nur in geringem Maße möglich, dafür kann er Bewegungen noch über sehr große Entfernungen wahrnehmen. Bei Dunkelheit sieht ein Hund etwas besser als der Mensch, da der Augenhintergrund reflektierend ist. Die Farbsichtigkeit ist bei Hunden relativ schwach ausgebildet.

Gestromt	Der Hund weist eine durchlaufende oder unterbrochene Querstreifung auf. bei dunkler Grundfarbe spricht man von dunkelgetromt, bei heller Grundfarbe von hellgestromt, und bei graugelber Grundfarbe von Silberstrom.
Getigert	Unregelmäßige Farbflecken auf andersfarbigem, meist hellerem Untergrund.
Grannenhaar	das harte, die Unterwolle überlagernde Deckhaar.
Grauer Star	Trübung der Augenlinse aus Altersgründen.
Grüner Star	Auch Glaukom genannt, eEhöhung des Augeninnendruckes, meist angeboren, tritt bei Rassen wie Spaniel, Pudel, Foxterrier und Basset Hound in bestimmten Familien auf.
Grundschärfe	Erblich bedingte Schärfe eines Hundes. Die Grundschärfe ist die Bereitschaft des Hundes in Gefahrensituationen aktiv Abwehrhandlungen vorzunehmen, zB bei Herdenschutzhunden Abwehr einer Angriffes von Wölfen auf die bewachte Herde. Bei vielen Rassen lässt sich die vorhandene Grundschärfe durch Training weiter erhöhen (zB Deutscher Schäferhund, Hovawart, Rottweiler, Dobermann etc.). Einige Rassen besitzen eine sehr ausgeprägte Grundschärfe, daher ist es nicht sinnvoll, die Schärfe durch entsprechendes Training weiter zu fördern.
Haar	Das "Fell" des Hundes besteht aus der Unterwolle (Wärmeisolation) und dem Deckhaar (Schutz vor Witterungseinflüssen). Bei einigen Rassen ist die Unterwolle kaum oder gar nicht vorhanden. Gängige Typen von Deckhaar sind: Langhaar, Kurzhaar, Stockhaar, Kraushaar, Glatthaar, Rauhhaar und Drahthaar.
Habituation	Reizgewöhnung: Rückgang der Antwortbereitschaft auf einen Reiz. Die Habituation ist das gegenstück zur klassischen Konditionierung, weil hier zuerst ein eine Reaktion auslösender Reiz neutralisiert wird.

Härte — Widerstandskraft des Hundes gegen negative Erfahrungen im Hinblick auf eigene Verhaltensänderungen. Wird ein "weicher" Hund im Kampf von einem Wolf verletzt, wird er zukünftigen Auseinandersetzungen mit Wölfen aus dem Weg gehen. Ein harter Hund wird, ungeachtet der erlittenen Verletzungen, weiterhin jeden Wolf angreifen, wenn dieser eine Bedrohung für seine Schutzbefohlenen darstellt oder in das Territorium des Hundes eindringt. Die Härte erschwert die Ausbildung eines Hundes, da er kein Bestreben zeigt, Tadel oder Einwirkung zu vermeiden.

Harlekin — Durch den Merlefaktor gescheckte Hunde, z.B. Berger de Pyrenées.

Handwurzel — Hier findet sich bei einigen Rassen die sogenannte Afterklaue, eine rudimentäre fünfte Zehe.

Hasenpfote — Lange, flache und schmale Pfoten wie zum Beispiel beim Barsoi.

Hemmung — Verhaltensweise, die durch eine andere oder durch innere Faktoren blockiert wird. Das gegenseitige Hemmen zweier Verhaltensweisen kann zu einer Übersprungshandlung führen.

Hinterhand — Der hintere Teil des Hundes von den Hüftknochen bis zu den Hinterpfoten.

Hinterhauptbein — Nach hinten stehende Fortsetzung der Scheitelleiste des Schädels.

Hitze — Auch Läufigkeit genannt. Die Brunftzeit der Hündinnen, im allgemeinen alle 6 Monate, Dauer etwa 3 bis 4 Wochen.

Hosen — Die langen weichen Haare an der Hinterseite der Oberschenkel (Keulen).

Hüftgelenksdysplasie (HD) — Die Hüftgelenksdysplasie (HD) ist von den erblichen Erkrankungen die am längsten und besten erforschte und stellt ein schwerwiegendes Problem dar. Innerhalb des VDH darf kein mit HD behafteter Hund in die Zucht. Innerhalb der FCI wird die schwere der Erkrankung in fünf Stufen eingeteilt

HD 0 HD - frei / kein Hinweis auf Hüftgelenksdysplasie
HD 1 Übergangsform
HD 2 leichte Hüftgelenksdysplasie
HD 3 mittlere Hüftgelenksdysplasie

HD E schwere Hüftgelenksdysplasie
Bei vorliegender HD entscheidet der Grad der Erkrankung in vielen Zuchtvereinen auch über die Zuchttauglichkeit des betreffenden Hundes.

Hundesteuer

Luxussteuer, die von der zuständigen Gemeinde erhoben wird. Hundehalter in Städten werden üblicherweise höher besteuert als in ländlichen Gebieten. Viele Gemeinden haben in den letzten Jahren eine progressive Besteuerung, je nach Anzahl der im Haushalt gehaltenen Hunde, eingeführt. Von der Hundesteuer befreit sind: Blindenführhunde, Diensthunde der Polizei und Zollbehörden, Rettungshunde, geprüfte Jagdhunde im Jagdschutz und Herdenschutzhunde deren ausschließliche Verwendung in der Bewachung von Viehherden liegt. Viele Gemeinden gewähren ermäßigte Steuersätze für Züchter oder gewerbsmäßig gehaltene Hunde. In einigen Gemeinden werden Hunde bestimmter Rassen als sogenannte "Kampfhunde" um ein vielfaches höher besteuert.

Hybride

Das Kreuzungsprodukt zweier Arten, zum Beispiel zwischen Wolf und Hund.

Imponiergehabe

Vor allem mimische Ausdrucksform des Hundes, mit der er die Rangordnung unblutig zu regeln versucht. Es drückt sich in der Körperhaltung durch Haarsträuben und Schwanzheben sowie durch Knurren aus. Ein Begriff aus der Verhaltensforschung.

Intentionsbewegung

Andeutungsbewegung: Ausdruck der jeweiligen Stimmungslage eines Tieres und dient der Verständigung zwischen Artgenossen, indem sie die Bereitschaft zu eine bestimmten Handlung erkennen läßt (zB das Drohverhalten).

Inzestzucht

Paarung nächster Verwandter wie Bruder/Schwester, Vater/Tochter, Mutter/Sohn. Kommt unter Wildtierenm die im Rudel oder in der Herde leben, häufig vor, ohne daß sich deswegen irgendwelche nachteiligen Folgen zeigen.

Inzucht

Paarung nahe verwandter Tiere. Durch Inzucht entstehen keine neuen Fehler, sondern es werden Fehler, die im Erbgut liegen, lediglich aufgedeckt. Eine richtige Inzucht ermöglicht deshalb dem Züchter, seine Zuchtlinien rasch und gründlich von Fehlern zu reinigen. Eine falsche Inzucht häuft die Fehler.

Kampfhund	Für Hundekämpfe gezüchtete Hunde. Gewünschte Eigenschaften sind Schmerzunempfindlichkeit, Aggressivität, Ausdauer, niedrige Reizschwelle und völliges Fehlen des Sozialverhalten gegenüber Artgenossen. Typische Kampfhundrassen sind Bullterrier, Staffordshire Terrier, Pit Bull Terrier und einige molossoide Rassen. Selbst Hunde dieser Rassen, sind von wenigen Ausnahmen abgesehen, nicht grundsätzlich aggressiv, sondern sie werden durch einseitige Zuchtauswahl und gezielte Mißhandlung zu Überreaktionen erzogen. Es wird also kein Hund als Kampfhund geboren.
Karpfenrücken	Ein stark gewölbter Rücken, der meist als fehlerhaft gilt.
Kastration	Entfernung der Gonaden (Geschlechtszellen). Bei der Hündin Entfernung der Gebärmutter und Eierstöcke, beim Rüden Entfernung der Hoden.
Katzenpfoten	Kleine, eng geschlossene Pfoten, die nach Katzenart gewölbt sind. Katzenpfotige Rassen sind Chow Chow, Border Terrier und Spitz.
Kippohr	Man unterscheidet ein hohes Kippohr, wenn wie beim Collie nur die äußerste Spitze nach vorne fällt, ein schweres Kippohr, wenn der Ohrlappen im oberen Drittel nach vorne fällt.
Knopfohr	Es ist mittellang, hoch angesetzt und liegt dort, wo es hängt, V-förmig dem vorderen Rand des Schädels an, wie beim Mops.
Kondition	Die körperliche Verfassung zu einem bestimmten Zeitpunkt.
Konstitution	Die ererbte, unveränderliche Körperbeschaffenheit, ihre Widerstandskraft gegen äußere Einflüsse und ihre Leistungsfähigkeit.
Körpertemperatur	Die normale Körpertemperatur des Hundes beträgt zwischen 38,0 und 38,6 Grad Celsius (rektal).
Körung	siehe Ankören
Kraushaar	Das einzelne Haar ist gedreht, so daß bei größerer Länge

der Haare Verfilzungen entstehen können, zu Beispiel beim Pudel.

Kreuzbein Der den Rutenansatz bildende Teil der Wirbelsäule.

Kreuzung Biologisch die Paarung von Vertretern verschiedener Rassen, wie zum Beispiel Neufundländer und Bernhardiner, oder die Paarung verschiedener Arten wie Pferd und Esel. Der Hundezüchter meint damit die Paarung von Tieren der gleichen Rasse, die jedoch nicht miteinander verwandt sind.

Kruppe Hinterteil des Hunderückens vom letzten Lendenwirbel bis zum Rutenansatz. Die Kruppe besteht aus den Beckenbeinen, dem Kreuzbein und der verbindenden Muskulatur.

Kryptorchismus Ein oder beide Hoden liegen nicht sichtbar im Hodensack, sondern unsichtbar in der Leibeshöhle. Hunde mit diesem Fehler werden auf Ausstellungen nicht bewertet und von der Zucht ausgeschlossen.

Kupieren Verkürzen der Ohren und der Rute durch Beschneiden. Das Kupieren der Ohren ist in Deutschland seit 1987 und das Kupieren der Rute seit Juni 1998 verboten. Seit 2002 dürfen kupierte Hunde nicht mehr auf Ausstellungen bewertet werden.

Kurzhaar Auch Glatthaar genannt. Sehr kurzes, glatt anliegendes Deckhaar ohne oder mit geringer Unterwolle wie beim Dobermann oder Boxer.

Kynologie Wissenschaft von den hundeartigen Lebewesen; zusammengesetzt aus *kyon* (gr. Hund; kynos: Genitiv) und *logos* (gr. Lehre).

Läufe Kynologisch korrekte Bezeichnung für die Beine des Hundes.

Läufigkeit siehe Hitze

Langhaar Weiches, langes Deckhaar mit guter Unterwolle wie beim Bernhardiner und Neufundländer. Ohne Unterwolle wie beim Setter oder dünn und seidig wie beim Malteser. Ist die Unterwolle sehr dicht und steht das Deckhaar derb und steif ab, spricht man von Langstockhaar, wie bei Spitz und Eskimohund.

Leerlaufhandlung	Spontanes Auftreten einer normalerweise durch Außenreize hervorgerufene Handlung in Abwesenheit derselben. Die Leerlaufhandlung ist eine Folge starker Schwellenwerterniedrigung, zB durch Langeweile.
Lefzen	Die herabhängenden Lippen des Oberkiefers. Sie werden saftig genannt, wenn sie wie beim Boxer tief herabhängen, und trocken, wenn sie wie beim Bullterrier fest anliegen.
Leistungszeichen	Der erworbene Nachweis einer bestandenen Leistungsprüfung wie der Schutzhundeprüfungen I bis III. Die Bewertungen werden in die Ahnentafel übernommen.
Letalfaktor	Erbfaktoren, die zu schweren Mißbildungen wie Wolfsrachen oder Taubheit, manchmal auch zu Totgeburten führen. Häufig sind sie an andere, in der Zucht erwünschte Merkmale gebunden. So tritt der Wolfsrachen zusammen mit dem Vorbiß auf, die Taubheit mit der Farbe Weiß oder der Dalmatinerschecke. Die Letalfaktoren sind rezessiv, sie können zwar weitgehend unterdrückt, aber praktisch nie ganz ausgeschaltet werden.
Linienzucht	Die Zuchttiere werden innerhalb der engeren oder weiteren Verwandtschaft ausgesucht, nach der Theorie, daß verwandte Tiere, die sich äußerlich ähnlich sind, das auch in ihren Erbanlagen sein müssen. -> Inzucht.
Lohfarben	Gelb- bis rostbraun, bei den Engländern tan genannt.
Mannschärfe	Aggressionspotential des Hundes gegenüber Menschen. Die Mannschärfe ist je nach Rasse unterschiedlich stark ausgeprägt und kann durch Training gesteigert oder gedämpft werden.
Markenfarbig	It eine andere Bezeichnung für Abzeichen.
Maske	Scharf begrenztes dunkles Farbfeld im Gesicht, wie beim Malinois.
Meideverhalten	Negative Ersterlebnisse oder negative Erfahrungen führen zu einer Tendenz, ähnliche Situationen und Erfahrungen zu vermeiden. Wird zum Beispiel ein junger Hund von einem Radfahrer angefahren und erleidet erhebliche Schmerzen, wird er zukünftig bestrebt sein, weitere Begegnungen dieser Art auszuweichen. Entscheidend für die Bereitschaft zu einer

	Verhaltensänderung ist auch die Härte des Hundes.
Milchgebiß	Besteht beim Hund und Wolf aus 28 Zähnen. Der Wechsel vom Milchgebiß zum Dauergebiß beginnt im vierten Lebensmonat.
Milchtritt	Die erbkoordinierte Bettelgeste, mit der die noch blinden Welpen gegen die Zitzen der Mutter drücken, um mehr zu bekommen. Aus dem Milchtritt hat sich das Pfotengeben entwickelt.
Milchzahnpersistenz	Besonders bei Klein- und Zwerghunderassen kann es zu multipler Persistenz der Milchzähne kommen. Die Zähne des Dauergebisses gleiten an den Milchzähnen vorbei, anstatt sie herauszuschieben. Persistierende Milchzähne können vom Tierarzt gezogen werden.
Modifikation	Abänderung der äußeren Erscheinungsform, die durch Umwelteinflüsse bewirkt wird. Sie ist nicht erblich.
Monorchiden	Rüden mit nur einem sichtbaren Hoden. Werden in der Bewertung wie Kryptorchismus behandelt.
Motivation	spezifische Handlungsbereitschaft: Bereitschaft eines Tieres zur Ausführung bestimmter Handlungen. Jede Verhaltensweise hat zu jedem Zeitpunkt einen bestimmten Wert, der von äußeren wie inneren Faktoren abhängig ist.
Mutation	Abänderung der inneren und äußeren Erscheinungsform, die sprunghaft auftritt (Erbsprung). Sie wird durch Veränderung der Erbmasse bewirkt und ist daher erblich.
Nachahmung	Lernen durch Beobachten. Übernahme von Verhaltensweisen oder Lautäußerungen anderer Tiere (Menschen) in das eigene Repertoire. Führt zur Bildung von Tradition.
Nachsuche	Die Suche nach waidwundem Wild auf der Schweißfährte.
Nasenschwamm	Vordere Nasenkuppe mit den Nasenlöchern
Niederwild	Reh, Hase, Kaninchen, Dachs, Fuchs usw.
Pariahunde	Verwillderte Haushunde, die, sich selbst überlassen, in der Nähe menschlicher Siedlungen oder in Slums leben.

Häufig bilden sich mittelgrosse Rudel, deren Sozialstruktur schon nach kurzer Zeit jener der Wölfe gleicht.

Parforce Jagd Jagd auf Wild zu Pferde hinter der Hundemeute. In Deutschland verboten.

Paßgang Die gleichzeitige Vorwärtsbewegung beider Läufe einer Körperseite.

Phänotyp Das individuelle, äußere Erscheinungsbild eines Hundes. Es ist das Produkt des Genotyps (=ererbte Anlagen) und der Umwelteinflüsse.

Pigmentierung Farbstoffablagerungen, besonders in den Lidrändern, der Nase und den Lefzenrändern. Ist vor allem bei weißen Hunden vorgeschrieben.

Platten Größere zusammenhängende Farbflecke wie beim Landseer, Bernhardiner.

Prädisposition Ererbte Anlagen, die das Verhalten des Hundes mitbestimmen und sich sowohl positiv als auch negativ bemerkbar machen können.

Prägung Ein Lernvorgang, der nur in einer bestimmten sensiblen Zeit (=Prägungsphase) stattfindet und nicht nachholbar ist. Das durch Prägung Erlernte wird nie wieder vergessen.

Rangordnung Verteilung von Rechten und Pflichten innerhalb einer Gruppe von Tieren. Ranghohe Tiere haben bevorzugten Zutritt zu Ruheplätzen, Nahrung, der Paarung, andere wiederum haben Anführer-, Wach- oder Verteidigungsfunktion. Die Rangordnung trägt zur Stabilisierung der Gruppe bei. Streitigkeiten sind im wesentlichen auf heranwachsende Jungtiere beschränkt. Voraussetzung für die Entwicklung von Rangordnungen ist die Fähigkeit zum individuellen Erkennen.

Ramsnase Stark gebogener Nasenrücken fast ohne Stop (zB Bullterrier)

Rasse Untergruppe einer Art, bestehend aus gleichartigen Lebewesen mit gemeinsam vererblichen Eigenschaften. Diese Merkmale unterscheiden sie von anderen Rassen.

Rassestandard — Eindeutige Rassemerkmale die vom Zuchtverband (FCI= für eine Rasse aufgestellt werden. Die Überwachung in den einzelnen Ländern obliegt nationalen Vereinen und Verbänden.

Rauhhaar — Sich hart und rauh anfühlendes, kurzes oder mittellanges Dekhaar, das nach verschiedene Richtungen absteht, kommt besonders bei Terriern vor.

Reinrassig — Hunde, die in wesentlichen Eigenschaften gleich sind und diese von uns zu Rassemerkmalen ernannten Eigenschaften regelmäßig vererben. Reinrassig darf nicht mit reinerbig verwechselt werden, sonst sähen alle Pudel, Boxer oder Dackel einer wie der andere aus.

Reizschwelle — Die Stärke eines Reizes, die beim Hund eine Reaktion auslöst. Darf nicht absolut gesehen werden (niedrige Reizschwelle - hohe Reizschwelle), sondern ist der jeweiligen Situation angepasst, wobei der Rassecharakter schon eine Rolle spielt.

Rezessiv — Das Gegenteil von dominant: Erbanlagen, die überdeckt werden knnen, aber im Erbgut erhalten bleiben, um in einer späteren Generation wieder aufzutauchen.

ridge (engl.) — Gegen den Fellstrich gewachsener Fellstreifen, der auf dem Rücken entlang der Wirbelsäule verläuft (zB Rhodesian Ridgeback).

Ringelrute — Wird über dem Rücken geringelt oder seitlich getragen. Charakteristisch bei den Spitzen, beim Japan Chin und beim Pekingesen. Ringelschwänzigkeit ist ein Zeichen von Domestikation.

Rosenohr — Die Spitze der nach hinten gefalteten Ohrmuschel zeigt nach unten und läßt das Innere der Muschel teilweise sehen wie bei der Englischen Bulldogge, dem Greyhound und dem Whippet.

Rückbiß — Diese Bezeichnung wird laut FCI einheitlich für die zoologische korrekte Bezeichnung Hinterbiß benutzt. Hierbei ist der Unterkiefer zu kurz und unterbeißt den Oberkiefer. Diese Gebißform ist nicht erwünscht, kann aber bei langschädeligen Rassen vorkommen.

Rüde — Männlicher Hund. Die Bezeichnung wird bei allen Hundeartigen verwandt, auch beim Wolf und dem Fuchs.

Rute	Der Fachausdruck für Schwanz.
Schärfe	Eine der Charaktereigenschaften des Hundes: Bewußtsein der eigenen Stärke und Kraft und die Bereitschaft, diese einzusetzen.
Scherengebiß	Die Schneidezähne des Oberkiefers greifen knapp über die des Unterkiefers. Bei fast allen Rassen erwünscht.
Schlag	Eine Gruppe von Hunde, die innerhalb ihrer eigenen Rasse zusätzlich gemeinsame Merkmale haben.
Schutztrieb	Angeborene Bereitschaft des Hundes seine Rudelmitglieder oder Schutzbefohlene zu verteidigen. Der Schutztrieb ist bei den Rassen verschieden stark ausgeprägt. Bei Herdenschutzhunden ist es der natürliche Schutztrieb der sie für ihre Aufgabe qualifiziert. Hunde mit starkem Schutztrieb sind besonders misstrauisch gegenüber Fremden und sehr wachsam, vor allem bei Dunkelheit.
Schweißarbeit	Suche des Jagdhundes nach angeschossenem Wild auf der Blutspur.
Sozialisierungsphasen	Die Einordnung des Welpen in seine Umwelt und das richtige Verhalten gegenüber anderen Hunden und Menschen. Die soziale Prägung erfolgt von der 9. bis zum Ende der 12. Lebenswoche.
Spurlaut	Hetzlaut des Hundes, der laut bellend einer Spur folgt, ohne das Wild zu sehen.
Stammbuch	Wird auch Zuchtbuch genannt. In ihm werden alle Würfe der vom jeweiligen Rasseclub erfaßten rassereinen Hunde eingetragen. Unentbehrliche Informationen für die Geschichte einer Rasse, deckt allerdings nicht die Fehler der Hunde auf. Ahnentafeln, die nicht im Stammbuch nachprüfbar sind, sind wertlos.
Standard	Beschreibung des Idealtyps einer Rasse mit allen ihren Merkmalen. Wird vom verantwortlichen Club aufgestellt und von der FCI genehmigt.
Stehohr	Aufrecht stehendes Ohr. Das natürliche Stehohr braucht manchmal sechs Monate und mehr, bis es sich gestellt hat. Stehohrige Rassen sind zum Beispiel Schäferhund, Chow Chow, Spitz, Samojede und Bullterrier.

Stehtage	Empfängnisbereite Zeit der Hündin während der Hitze. Die Hündin beisst einen paarungsbereiten Rüden nicht weg, sondern nimmt die Rute zur Seite und bleibt zum Vollzug des Deckaktes stehen. Normalerweise fallen die Stehtage auf den 11. bis 13. Tag der Läufigkeit.
Sterilisation	Unterbrechung der Samenleiter (Rüde) oder Eileiter (Hündin).
Stichelhaar	Mittellanges, nicht allzu abstehendes Stockhaar.
Stockhaar	Das ursprüngliche Haar, das aus dichter Unterwolle mit mittellangen Deckhaaren besteht wie beim Deutschen Schäferhund.
Stöbern	Der Jagdhund (Stöberhund) sucht ein Gelände durch umherlaufen nach Wild ab, ohne dabei einer Spur zu folgen.
Stop	Ausgeprägter Stirnabsatz, die Entfernung vom Nasenrücken bis zur Stirn. Fast ohne Stop sind Saluki und Afghane, einen starken Stop haben Boxer, Pekingese und Japan Chin.
Tan	Englische Bezeichnung für gelb- bis rostbraun.
Totverbeller	Jagdhund, der nach Auffinden des verendeten Wildes Laut gibt, um den Jäger den Fundort anzuzeigen.
Totverweiser	Jagdhund, der nach Auffinden des verendeten Wildes zum Jäger zurückläuft, um ihn zur Fundstelle zu führen.
Tragzeit	Beträgt bei Hundn und Wölfen 63 Tage (plus/minus 2).
Tricolor	Dreifarbige Zeichnung des Deckhaars, zumeist schwarze Grundfarbe mit weißen und baunen Abzeichen (zB Sennenhunde).
Trimmen	Entfernen abgestorbener Haare, um eine im Zuchtstandard idealisierte äußere Form des Hundes zu erzielen.
Trocken	Muskulöse Körperbeschaffenheit ohne Fettablagerungen mit eng anliegender Haut, unter der die Muskeln, Bänder und Knochen plastisch hervortreten. Hunde mit trockenem Körper sind ebenso kräftig, wie sie aussehen. Beispiel Bullterrier.
Tulpenohr	Scharf zugespitze Stehohren wie beim Skye Terrier, Scotch Terrier, Bullterrier und Deutschem Schäferhund.

Unterwolle	Dichtes, weiches Fell unter dem Deckhaar. Die Unterwolle ist die Wärmeisolation des Hundes gegenüber der Umwelt. Nicht das Deckhaar, sondern ausschließlich die Beschaffenheit des Unterfells entscheidet, in welchem Klima sich ein Hund wohlfühlt.
V-förmig	Ein Kippohr, dessen fallender Teil wie ein V aussieht. Beispiel Foxterrier.
Vieräugler	Hunde mit einem hellen Fleck über jedem Auge. In der sozialen Auseinandersetzung zwischen den Tieren kommt diesen Flecken die Funktion eines zweiten starren Augenpaares zu, sie schüchtern den Gegner ein. Bei den Schweizer Sennenhunden gehören die Augenflecken zum gefälligen Aussehen.
Vorbiß	Die Schneidezähne des Unterkiefers beißen vor die des Oberkiefers, ihre Schneiden treffen sich nicht. Bei der Bulldogge und beim Boxer Rassekennzeichen, bei anderen Rassen meist als Fehler gewertet.
Vorderhand	Der vordere Teil des Hundes, also Schulter, Brust, Vorderläufe und Pfoten.
Wamme	Lose Haut an der Kehle, bei manchen Rassen wie Bernhardiner, Bloodhound oder Bassethound erlaubt bzw. gewünscht.
Wellhaar	Unterwolle und Deckhaar sind gewellt wie beim Barsoi.Starkes Wellhaar wird zum Kraushaar.
Wesen	Die Gesamtheit aller angeborenen und erworbenen körperlichen und seelischen Anlagen, Eigenschaften und Fähigkeiten, die das Verhalten des Hundes zur Umwelt bestimmen, gestalten und regeln.
Wesensfest	Ein Hund, der selbstsicher ist, über eine kräftige Portion Robustheit und Härte verfügt und gute Nerven hat. In diesem Zusammenhang wird auch gerne der Begriff Reizschwelle benutzt.
Widerrist	Jener Teil der Wirbelsäule der zwischen den Schulterblättern liegt, ohne sie zu überragen. Die Größe eines Hundes wird am Widerrist gemessen.
Zangenbiß	Die Schneidezähne treffen genau aufeinander, wie z. B. beim Komondor und Greyhound.

Zotthaar

Sehr langes, grobes, verfilztes Haar vereinigt sich zu langen Strähnen wie beim Komondor oder Puli.

Zucht

Der Versuch Nachkommenschaft mit bestimmten äußeren und charakterlichen Eigenschaften durch gezielte Paarung ausgesuchter Elterntiere zu erreichen.

Zuchtbuch

-> Stammbuch.

Zuchtgruppe

Die Vorführung von mindestens drei Hunden einer Rasse aus gleichem Zwinger auf einer Ausstellung. Die Hunde müssen am gleichen Tag bei der Einzelbewertung mindestens die Note »sehr gut« erhalten haben.

Zuchtwahl

Bei der natürlichen Zuchtwahl unter Wildtieren haben die lebenskräftigeren Männchen mehr Aussicht, ein Weibchen zu gewinnen und so ihre Eigenschaften zu vererben, als lebensschwächere. Bei den Wölfen sind es ohnehin nur die Alphatiere, die sich vermehren. Bei den Hunden wählt der Züchter Tiere aus, die seiner Meinung nach die von ihm gewünschten Eigenschaften besitzen.

Zwinger

Ein kleines, verschließbares Gatter in das der Hund eingeschlossen werden kann. Für die Zwingerhaltung von Hunden gelten strenge Auflagen durch das Tierschutzgesetz.
Andere Bezeichnung für eine Zuchtstätte

Zwingername

Jeder Züchter kann einen Zwingernamen bei seinem zuständigen Rassezuchtverein beantragen. Alle Hunde die seiner Zucht entstammen, tragen diesen Zwingernamen quasi als "Nachnamen", zB "Ilona vom Märchenwald". Der erteilte Zwingername ist im Geltungsbereich des VDH geschützt und wird kein zweites Mal vergeben.

Index

A

Abgabe ... 77
Abholen ... 27
Ahnentafel ... 28
Alleinfutter ... 34
Anschaffung ... 12, 25
Aufzucht ... 75
Augenpflege ... 40
Ausstellungen ... 44

B

Bandwürmer ... 44
Befehle ... 59
Begrüßung ... 56
Betteln ... 38
Bindehautentzündung ... 40
Bleib ... 62
Blutgefäße ... 40
Borreliose ... 46
Bringtrieb ... 58

D

Decken ... 72
Durchfall ... 32, 39, 44

E

Eingewöhnung ... 27
Ektoparasiten ... 48
Elektroschock ... 53
Entwurmen ... 44
Entwurmung ... 27
Erbkrankheiten ... 21
Erbrechen ... 39
Ernährung ... 31
Erziehung ... 51
Essensreste ... 34

F

Familienkontakt ... 25
Fellpflege ... 40
Fieber ... 43, 44
Flöhe ... 47
Flohhalsbänder ... 47
Flüssigkeitsbedarf ... 37
Flüssigkeitsverlust ... 39
Futter ... 31
Futtermenge ... 32, 36
Futterplan ... 27, 32
Futterverweigerung ... 43
Futterzusätze ... 35

G

Gebisspflege ... 41
Geburt ... 74
Gesundheit ... 42
Grundausstattung ... 16
Grundimmunisierung ... 44

H

Haarlinge ... 48
Haftpflichtversicherungen ... 18
Hakenwürmer ... 44
Hautveränderungen ... 42
Hepatitis ... 28, 43
Herkommen ... 59
Hochspringen ... 56
Hormone ... 14

Hundehändler 20
Hundepfeife 16
Hundesteuer 17
Hundevermehrer 20
Hundezuchtverein 21
Hündin 14
Hygiene 37, 42

I

Impfdurchbrüche 44
Impfpass 28
Impfungen 43

K

Kampftrieb 58
Kastration 14
Kauartikel 37
Kaufpreis 17
Kosten 17
Krallenpflege 40
Krallenzange 40
Krankenversicherung 19

L

Läufigkeit 14, 43
Leckerchen 37
Leinenführigkeit 63
Leptospirose 28, 43

M

Mangelerscheinungen 36
Milben 48
Mundgeruch 42

N

Nährstoffe 32

O

Ohrenpflege 40
Ohrmilben 41
ÖKV 24

P

Pansen 34
Papiere 20, 25
Parasiten 42, 46
Parvovirose 28, 43
Peitschenwürmer 44
Pflege 31, 40
Pigmentierung 40
Platz 61
Presswehen 75
Progesterontest 72
Protein 33

R

Rangordnung 55
Regelwerk 24
Rüde 14

S

Scheidenausfluss 14, 43
Schlafplatz 16, 27, 29
Sexualphasen 14
Sicherheitsnetz 17
Sitz 61
SKG 24
Snacks 37
Spielen 58

Spulwürmer 44
Stachelhalsband 53
Staupe 28, 43
Stubenreinheit 15, 16

T

Tollwut 43
Trächtigkeit 73
Trockenfutter 33

U

Übergewicht 38
Ungehorsam 65

V

VDH 20, 24
Verdauungsprobleme 34
Verdauungsstörungen 39, 49
Vereine 21, 79
Versicherungen 18

W

Welpenfutter 33
Welpenmilch 76
Wiederholungsimpfung 45
Wurmbefall 46
Wurmkur 47
Wurmlarven 44

Z

Zahnpflege 42
Zahnstein 42
Zahnwechsel 37
Zecken 42, 46
Zeckenzange 16, 46
Zerrspiele 58
Zucht 68
Züchten 68
Züchter 19
Zuchtplanung 71
Zuchtzulassung 69
Zugluft 29

Hinweis

Das vorliegende Buch ist sorgfältig recherchiert und erarbeitet worden. Besonderer Dank geht in diesem Zusammenhang an verschiedene Züchter im DDC 1888 e. V., die das gesamte Buch redaktionell geprüft haben. Dennoch erfolgen alle Angaben ohne Gewähr. Weder Autor, noch Herausgeber oder Verlag können für eventuelle Schäden, die aus den im Buch gemachten Hinweisen resultieren, eine Haftung übernehmen.